AF453149

PETIT

MEMENTO MAÇONNIQUE

Tiré à cinq exemplaires
sur Hollande
Ex: Nᵒ 4

PETIT MEMENTO MAÇONNIQUE

RÉDIGÉ EN FORME DE DICTIONNAIRE

à l'usage des Loges du Grand Orient

PAR

Robert YVE-PLESSIS

PARIS

SECRÉTARIAT GÉNÉRAL DU GRAND ORIENT DE FRANCE

16, Rue Cadet, 16

—

1921

AVERTISSEMENT

Ainsi que l'indique son titre, ce livret n'est point un manuel complet de Maçonnerie, mais seulement un aide-mémoire pour les néophytes, pour les jeunes initiés ayant déjà reçu quelques instructions maçonniques.

Nous pensons qu'il pourra également être utile aux conférenciers des Loges qui, en groupant certains de ses articles par ordre d'analogie, y puiseront les éléments de causeries familières à l'usage des Apprentis. C'est ainsi, par exemple, qu'ils trouveront des renseignements pour une instruction sur la « Description d'un Temple maçonnique », de son mobilier et de ses antichambres, aux mots : *Atelier, loge, locaux maçonniques, porche, pentalpha, avenues, pas-perdus, parvis, temple, pavé mosaïque, colonne, pommes de grenade, B, J, stalle, points géométriques, occident, midi, nord, orient, trône, autel, p'ateau, delta, bannière, étoile flamboyante, houppe dentelée, étoile, glaive, maillet, tableau de la loge, bijoux,* etc. ;

Pour une instruction sur « l'Initiation autrefois et aujourd'hui », aux mots : *Profane, cand dat, postulant, récipiendaire, préparation, métaux, épreuve, cabinet de réflexions, feuille de l'épreuve, testament, bandeau, voyage, purification, tempête, eau lustrale, flammes, saignée, sceau, coupe d'amertume, obligation, épée flamboyante, lumière, néophyte, gants, clandestine,* etc.;

Pour une instruction sur la « Manière de parler et d'écrire des Francs-Maçons », aux mots : *Armes, décorer, faveur, illustre, respectable président, correspondance, planche, tracer, abréviation, alphabet, anagramme, Legrand Netori, orient de...., calendrier, ère maçonnique, année, signature, couvrir le temple, pleuvoir,* etc.

Il va sans dire que ces renseignements sommaires ne sauraient être que des points de repère pour faciliter l'établissement d'un canevas et que ce canevas lui-même devra ensuite être développé au gré du conférencier.

Dans la plupart des articles de ce lexique qui ont trait aux mots, signes, attouchements (et, en général, à tout ce qui doit demeurer secret en Maçonnerie), les Maçons avertis remarqueront quelque lacune. Ces omissions sont voulues et calculées de telle sorte que, ce petit volume tombât-il entre les mains de profanes malintentionnés, il serait impossible à ceux-ci d'abuser des indications qu'ils y trouveraient et d'affronter le tuilage sans être immédiatement démasqués.

Quoi qu'il en soit, ce *Memento* doit être considéré comme confidentiel et ne point être communiqué à d'autres qu'à des Maçons. — Y.

PETIT

MEMENTO MAÇONNIQUE

Rédigé en forme de dictionnaire

-- --- --

A

Abréviation. — Manière d'écrire fréquemment employée dans les planches maçonniques. Elle consiste essentiellement dans la figure de grammaire nommée apocope, par laquelle on fait l'ablation d'une ou de plusieurs syllabes à la fin d'un mot. La ou les parties retranchées sont remplacées par trois points disposés en triangle.

Exemples : *Vén∴* signifie : *Vénérable; Off∴ Officier ; Maç∴ Maçon ; M∴ Maître ; Comp∴ Compagnon ; App∴ Apprenti...* et ainsi de suite.

Pour les termes très usités et sur lesquels il ne peut y avoir confusion dans l'esprit du lecteur, on se contente souvent de l'initiale suivie des trois points. Exemples : *T.˙. C.˙. F.˙.*, *Très Cher Frère* (au pluriel, on double l'initiale : *TT.˙. CC.˙. FF.˙., Très Chers Frères*) ; *La R.˙. L.˙., La respectable Loge.* On peut aussi figurer la Loge par un dessin : *La R.˙.* [˙˙].

Une autre formule abréviative dont on se sert dans les documents officiels est le triple *S.˙. S.˙. S.˙.* qui se traduit par : *Salut, Salut, Salut !*

Le principe qui préside aux *abréviations* est de n'écourter que les mots et expressions maçonniques, afin d'éviter toute amphibologie.

Acacia. — Arbre emblématique de la Maçonnerie, comme le myrte était l'emblème des mystères d'Eleusis, le laurier celui du culte d'Apollon, le gui la plante sacrée des Druides, etc. (*Akakia,* en grec, signifie : sans méchanceté.)

L'*acacia*, dont le bois est incorruptible et dont les feuilles, inclinées la nuit, se redressent vers le soleil, symbolise le désintéressement du Maçon qui se tourne vers la lumière.

Une revue maçonnique, publiée de 1902 à 1914, avait pour titre *L'Acacia.*

Acclamation. — Cri qui accompagne la batterie. Les trois termes de l'*acclamation* s'intercalent entre chaque série des coups frappés de la batterie : (*Coups*), *Liberté!* (*coups*), *Egalité!* (*coups*), *Fraternité!*

Ce trinome remplace les mots latins : *Vivat! Vivat! Semper Vivat,* acclamation autrefois en usage dans la plupart des Loges.

Au rite écossais, on crie : *Houzzai! Houzzai! Houzzai!*

Au rite de Misraïm : *Alleluia! Alleluia! Alleluia!*

On nommait jadis *acclamation* le consentement général qui dispensait de la formalité du scrutin. (Voyez : *Assentiment.*)

Accolade. — Baiser cérémoniel que le Vénérable de la Loge donne au récipiendaire au moment où il lui confère le premier grade symbolique.

L'accolade fraternelle se donne encore entre Maçons, dans certaines circonstances que l'on veut solenniser : transmission de pouvoirs, retour après longue absence, etc.

Activité. — Etat du Maçon qui assiste régulièrement aux tenues de son Atelier et se maintient en règle avec le trésor. La même expression s'emploie pour désigner l'état d'une Loge fonctionnant régulièrement. Le contraire de l'activité, c'est le *sommeil*. (Voyez : *Honorariat*.)

Adjoint. — Officier de Loge en second, élu pour suppléer à l'Officier en titre ou pour l'aider dans sa tâche. Quand un adjoint remplace le titulaire, il jouit des mêmes droits et prérogatives que lui. Il n'est élu des adjoints qu'aux offices d'Orateur, de Secrétaire, de Trésorier et d'Hospitalier.

Un Compagnon ou un Apprenti peut être nommé adjoint.

Administrateur général. — Voyez : *Grand Maître.*

Adoption. — Acte par lequel une Loge adopte soit le fils d'un frère, qu'elle fait élever à ses frais, soit un Maçon âgé et malheureux auquel elle fournit une pension alimentaire.

Loges d'adoption. — On appelait autrefois ainsi les Loges féminines greffées sur les Loges masculines. Aujourd'hui, le Grand Orient de France n'admet pas les femmes dans la Maçonnerie.

Fête d'adoption. — Cérémonie maçonnique à laquelle les profanes, hommes et femmes, parents ou amis des Maçons, sont conviés à assister, telle que baptême, banquet, fête, concert, etc. On dit, dans le même sens, *tenue blanche*.

Affiliation. — Agrégation d'un Maçon régulier à un Atelier autre que sa Loge-mère.

L'affiliation, après production des pièces de l'enquête réglementaire — discussion et conclusions de l'Orateur — est prononcée par l'Atelier à la majorité des suffrages.

Les Apprentis ne prennent pas part au vote, non plus que les visiteurs, s'il y en a.

Il existait autrefois dans les Loges des *affiliés libres* qui ne supportaient aucune charge, mais ne pouvaient remplir aucun emploi ni voter aux élections.

L'affiliation peut se pratiquer entre Ateliers d'une même catégorie quant aux grades, quoique de rites divers, et qui échangent des garants d'amitié afin d'établir entre eux des relations plus suivies.

Deux loges peuvent même s'adopter réciproquement sans perdre leur titre particulier ni aucun de leurs droits respectifs. C'est ainsi qu'on a vu, pendant la guerre de 1914-1918 nombre d'Ateliers de Paris dont la mobilisation avait réduit l'effectif, travailler en commun jusqu'à la paix.

Agape. — Nom donné à un banquet fraternel lorsqu'on n'y travaille pas maçonniquement, dans les formes rituéliques, mais où, pourtant, ne sont admis que les frères de la Loge. (Voyez : *Banquet*.)

L'agape fraternelle est le plus souvent une simple collation prise à l'issue d'une tenue solennelle ; elle doit être annoncée sur la planche de convocation.

On sait que les premiers chrétiens donnaient le nom d'*agape* au repas qu'ils prenaient en commun.

Age. — Moyen de reconnaissance des Maçons. L'*âge* symbolique varie selon les grades. Demander son *âge* à un maçon équivaut donc à lui demander son grade.

Aligner. — Terme de table. *Aligner* les canons ou les armes, c'est ranger les verres sur une même ligne avant de porter une santé. (Voyez : *Filet*.)

Alphabet maçonnique. — Sorte de cryptographie dont se servaient autrefois les Maçons dans leur correspondance afin de n'être point compris des profanes. Il y avait plusieurs alphabets distincts, selon les différents grades. On disait également *Hiéro-glyphes* pour désigner les caractères **de** *l'alphabet maçonnique.*

La combinaison la plus commune dans les Loges était la suivante :

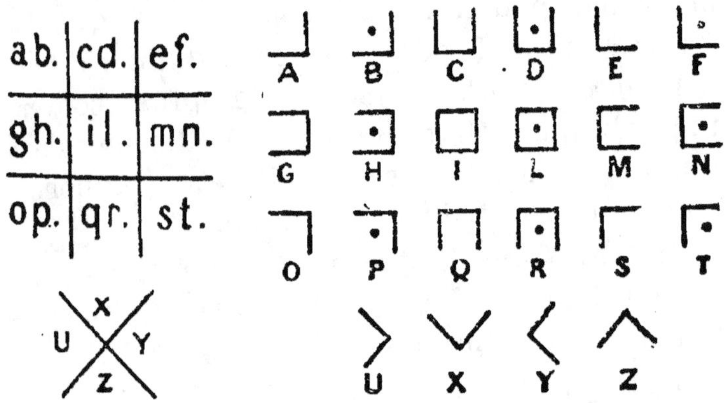

ab.	cd.	ef.
gh.	il.	mn.
op.	qr.	st.

A B C D E F
G H I L M N
O P Q R S T
U X Y Z

Chaque case tient lieu de deux lettres selon qu'on y insère ou non un point.

A noter que C et K, I et J, U et V ne sont qu'une seule lettre.

Amende. — Punition pécuniaire qu'une Loge pouvait infliger à un de ses membres pour une faute peu grave. Cette *amende* était toujours au profit des pauvres et prise en charge par l'Hospitalier. Quelques Ateliers ont conservé le système des amendes dans leur règlement intérieur, mais la plupart l'ont abandonné.

Anagramme. — Nom d'homme supposé, formé des mêmes lettres que le nom d'un Atelier, et choisi par celui-ci pour correspondre par la poste soit avec le Grand Orient, soit avec les autres Ateliers.

L'usage, autrefois général, de ces pseudonymes, ne subsiste aujourd'hui que dans quelques orients. C'est ainsi que la Loge *Picardie,* d'Amiens, se fait écrire au nom de M. Carpidie ; la Loge, le Chapitre et le Conseil *Thémis,* de Caen, respectivement aux noms de M. Sithem, M. Sithem aîné et M. Sithem père ; le *Phare de la Liberté,* de Dieppe, au nom de M. Areph ; les *Amis Philanthropes,* de Bruxelles, au nom de M. Sephiramis Platon. Quelquefois, le pseudonyme est formé par certaines lettres seulement du nom véritable : la *Parfaite Union,* de Rennes, reçoit ses lettres au nom de M. Parfon, et le *Réveil de l'Orient,* de Saïgon, devient, pour la poste, M. Révori, tandis que les *Francs Chevaliers de Saint-André d'Ecosse et la Solidarité Réunis,* de Bordeaux, s'appellent, par abréviation, M. Saint-André. (Voyez : *Legrand Netori.*)

Année maçonnique. — Millésime symbolique qui se chiffre en ajoutant 4.000 à celui de l'année réelle, les Maçons d'autrefois faisant remonter la lumière au commencement du Monde qu'ils plaçaient 4,000 ans avant Jésus-Christ. L'an 1921 devient ainsi *l'an 5921 de la Vraie lumière.*

L'année maçonnique commence le 1er mars. (Voyez : *Calendrier.*) Les jours et les mois se comptent par leur numéro. Exemple : le 8 février 1921 est dit : le *8e jour du* 12e *mois de l'an* 5920 *de la Vraie lumière* ; le 8 avril, *le* 8e *jour du* 2e *mois de l'an* 5921, *etc.*

Annonce. — Préliminaire du travail en Loge. Dans les tenues solennelles, lorsque le Vénérable donne à l'assemblée un ordre quelconque, il le fait — le plus souvent — par l'intermédiaire des Surveillants, en les priant d'inviter les frères de leurs colonnes respectives à se joindre à eux et à lui-même pour exécuter tel ou tel geste rituélique. Les Surveillants répètent textuellement l'annonce du Vénérable ; ou, s'ils la résument pour abréger, ils répondent néanmoins : « *L'annonce* est faite, Vénérable Maître. »

Annuaire du G∴ O∴ — Livret imprimé tous les ans, depuis 1780, par les soins du Grand Orient de France et contenant : des extraits de la Constitution ; la chronologie des chefs de l'Ordre et des présidents du

Conseil de l'Ordre ; la composition du Conseil de l'Ordre et de ses commissions ; celle de la Chambre de cassation, de la Commission d'assistance maçonnique, du Grand Collège des Rites, de l'administration centrale ; les garants d'amitié du et auprès du Grand Orient ; la liste des Ateliers de l'Obédience en France, dans les colonies et à l'étranger ; les Puissances maçonniques en France et à l'étranger.

Applaudissement. — Voyez : *Batterie*.

Apprenti. — Maçon admis au premier grade symbolique. Ce mot seul, par son étymologie, dicte à l'*Apprenti* son devoir qui est d'apprendre, c'est-à-dire de se taire, d'écouter, de méditer.

Apprentissage. — Enfance du Maçon ; laps de temps qui s'écoule entre l'initiation et le moment où l'Apprenti est jugé digne de recevoir une augmentation de salaire en passant Compagnon. L'*apprentissage* maçonnique est au minimum de huit mois. Chez les francs-maçons constructeurs de cathédrales, au Moyen Age, il était, dit-on, de sept ans.

Architecte. — Officier de loge chargé de veiller à la conservation et à l'entretien du mobilier de l'Atelier, dont il doit tenir l'inventaire. L'*Architecte* était jadis appelé : *Architecte-vérificateur.*

Architecture. — Voyez : *Livre, morceau, pièce d'architecture.*

Archives. — Dépôt des titres, actes et papiers d'une Loge.

Archiviste. — Officier de Loge chargé de la conservation et du classement des documents, registres, livres, pièces de toute sorte appartenant à l'Atelier, et notamment des cahiers de grades ou rituels, **des** exemplaires de la Constitution et du Règlement général.

Aréopage. — Voyez : *Conseil.*

Armes. — Terme de table : les verres considérés dans leur ensemble ; c'est pourquoi ce mot ne s'emploie qu'au pluriel. On dit : Aligner les *armes ;* tandis que le **mot** canon sert plutôt à désigner un seul verre. La manœuvre des verres, confiée au président du banquet, s'appelle le *commandement des armes.*

On nomme également *armes,* par extension, les saluts, discours, etc., qui, de même que l'on rend à table une santé, servent à rendre une politesse. Exemple : le Vénérable, à l'entrée dans le Temple d'un visiteur de marque, l'a fait applaudir par la Loge et l'a complimenté. Le visiteur dira : « Permettez-moi de me servir des mêmes *armes* »; et il rendra au Vénérable et à l'assemblée batterie et compliment.

Art royal. — Qualification donnée, au XVIIIe siècle, à la Maçonnerie. Le terme venait d'Angleterre, berceau de la Maçonnenerie spéculative,

Aspirant. — Profane qui sollicite la faveur de faire partie de la Maçonnerie.

Assemblée générale. — Voyez : *Convent.*

Assentiment. — Approbation donnée à une proposition, sans scrutin, par vote à main levée. Ce geste de la main droite est dit : *Signe d'assentiment.*

Assiduité. — Obligation contractée par le récipiendaire, lors de son initiation, de fréquenter régulièrement l'Atelier. L'*assiduité* est donc le premier devoir maçonnique. Si un cas de force majeure, seul admissible, met le Maçon dans l'impossibilité d'assister aux travaux, il manque à son devoir en ne s'excusant pas auprès du Vénérable, par une planche accompagnée de son obole pour le tronc de la veuve.

Atelier. — Nom générique des groupes de Francs-Maçons travaillant en commun, quel que soit le grade auquel ils travaillent.

Les Loges, composées de Maçons des trois premiers grades, sont nommées *Ateliers symboliques*. Les Chapitres (4e au 18e grade) sont des *Ateliers capitulaires*. Les Conseils ou Aréopages (19e au 30e grade) sont des *Ateliers philosophiques*. Enfin, les *Ateliers supérieurs* sont composés des Maçons des 31e, 32e et 33e degrés, possédant les grades administratifs.

On désigne encore parfois les *Ateliers* par la couleur des cordons que portent les Maçons qui les composent, savoir : les *Ateliers bleus* (Loges), *rouges* (Chapitres), *noirs* (Aréopages) et *blancs* (Ateliers supérieurs).

Atelier se disait autrefois pour : table.

Attouchement. — Signe manuel de reconnaissance entre Maçons et qui varie avec les grades. L'*attouchement,* dans la Maçonnerie symbolique, consiste à prenprendre avec la main droite celle du frère qui réclame le tuilage, et à y frapper invisiblement le nombre de coups voulus selon le rythme de la batterie du grade.

Augmentation de salaire. — Droit accordé par la Loge à un de ses membres de passer au grade supérieur. La promotion même d'un Maçon à ce grade. On disait jadis, dans le même sens : *Augmentation de gage, de paie* ou *dé grade*.

Aumônier. — L'Hospitalier dans les Loges du XVIIIe siècle.

Autel. — Nom que l'on donnait autrefois à chacune des tables de forme symbolique placées devant les sièges des trois premières Lumières de la Loge. *Autel* se disait surtout de la petite table du Vénérable sur laquelle étaient posés un livre de la loi et un chandelier à trois branches.

Avenues. — Terme générique pour désigner tous les couloirs ou appartements conduisant à un Temple maçonnique.

B

B. — Initiale du nom de la colonne du Midi (au rite français). C'est le nom de l'amant de Ruth, trisaïeul de Salomon dans la légende biblique. C'est aussi le nom d'une des colonnes du temple de Salomon, près de laquelle les compagnons touchaient leur salaire. Il signifie : persévérance.

Baiser fraternel. — Triple accolade que le Vénérable donne ou fait donner par le Grand Expert, au nom de toute la Loge, au néophyte qui vient d'être initié au premier grade. Le *baiser fraternel* se donne : 1° sur la joue droite ; 2° sur la joue gauche ; 3° sur le front.

Baiser de paix. — Autrefois, accolade publique de réconciliation entre deux Maçons de tout grade ; aujourd'hui, marque par laquelle s'accueillaient mutuellement frères momentanément brouillés.

Ballotes. — Nom donné jadis aux petites balles qui servaient au scrutin ; de là est venu le terme de *ballottage,* qui est demeuré dans la terminologie électorale ; on dit aujourd'hui les *boules.*

Bandeau. — Sorte de « loup » de velours, sans trous pour les yeux, qu'on place sur le visage du postulant pendant les épreuves de l'initiation. Le *bandeau* qui tombe marque le sens de l'initiation, c'est-à-dire le passage des ténèbres à la lumière.

Bannière. — Enseigne ou étendard généralement de couleur bleue, en soie ou en velours, sur lequel sont brodés les attributs de la Loge et qui, pendant les tenues solennelles, est arboré à l'Orient, à la droite du Vénérable.

Banquet. — Repas maçonnique. Au début de la Maçonnerie en France, il y en avait un à la fin de chaque tenue. Il fut de règle ensuite que les Loges eussent deux banquets par an, aux deux solstices, c'est-à-dire vers le 21 juin et vers le 21 décembre. Depuis 1885, les Ateliers ne sont plus tenus qu'à un *banquet* obligatoire par an.

Quand ce repas fraternel est pris dans les formes maçonniques, il est dit *banquet d'ordre* ; sinon, c'est une *agape*, ou encore un *banquet de famille.*

Le *banquet d'ordre* comporte l'observation du rituel. Il ne peut être servi que dans des locaux maçonniques, sauf autorisation spéciale du Conseil de l'Ordre. Il est toujours présidé par un délégué de ce Conseil. On y travaille au grade d'Apprenti.

On appelle *banquets de famille* ceux auxquels sont invités les membres de la famille et les amis, hommes et femmes, des membres de la Loge. Dans ces réunions, les frères peuvent être décorés de leurs insignes ; toutefois, comme les profanes n'ont pas à connaître les grades différents de ceux qui composent l'Atelier, Compagnons et Apprentis y portent le cordon de Maître.

Les *banquets* maçonniques s'appellent aussi *Loges* ou *travaux de table*.

Baptême maçonnique. — Cérémonie où le Maçon, devenu père, prend l'engagement d'élever son enfant selon les principes de l'Ordre et lui donne un « parrain » qui puisse remplacer le père si celui-ci manquait. Le cérémonial n'en est point fixé et chaque Loge le règle à sa convenance.

Barrique. — Terme de table ; bouteille ou carafe.

Batterie — Applaudissement, suivi de l'acclamation et fait de coups frappés selon un rythme déterminé. Chaque grade a sa *batterie*, qui se différencie des autres par le nombre et le rythme des coups.

Tirer une batterie, c'est applaudir et acclamer.

Couvrir une batterie, c'est répondre à une batterie par une nouvelle batterie. Il est certains cas où le respect doit interdire de couvrir une batterie ; par exemple, lorsque celle-ci a été tirée par des dignitaires de l'Ordre ou des visiteurs de marque.

Les Officiers, lors de leur installation, ne couvrent pas non plus la *batterie* tirée en leur honneur.

Dans les pompes funèbres, la circonstance exclut également l'usage de la batterie tirée en manière de salut aux visiteurs ; on salue ceux-ci par le signe seulement.

La *batterie d'allégresse* se frappe dans les mains.

La *batterie de deuil* est un applaudissement rythmé comme la batterie d'allégresse, mais dont les coups assourdis se frappent sur l'avant-bras gauche avec la main droite. Entre chaque série de coups, on murmure à mi-voix : *Gémissons !* (Dans certaines loges à tendances spiritualistes, on ajoute : *Espérons !* après le dernier *Gémissons !*). Avant de tirer une batterie de deuil, les Maîtres retournent leur cordon du côté noir.

Bijou. — Ornement de métal plus ou moins précieux, parfois constellé de pierreries et qui s'accroche au bout du cordon.

Bijou de grade. — Chaque grade à partir de celui de Maître a son bijou particulier, rappelant les principaux symboles de ce grade.

Le bijou des Maîtres représente le plus ordinairement une équerre et un compas entrecroisés.

Bijoux immobiles. — Objets emblématiques servant à l'exercice de la Maçonnerie symbolique selon le grade, savoir : la *planche à tracer* (Maître), la *pierre cubique* (Compagnon), la *pierre brute* (Apprenti).

Bijoux mobiles ou *bijoux d'ordre.* — Représentation en joaillerie des outils symboliques portés à leur cordon d'Officier par les trois premières Lumières de la Loge : le Vénérable, une équerre ; le premier Surveillant, un niveau ; le second Surveillant, une perpendiculaire.

Il ne faut pas confondre ces *bijoux d'ordre* avec les attributs brodés sur les cordons des autres Officiers en raison de leur office : l'Orateur, un livre de la loi ; le Secrétaire, deux plumes entrelacées ; le Grand Expert, un glaive et une règle avec un œil ; le Trésorier, les deux clés du trésor ; l'Hospitalier, une bourse-aumônière ; le Maître des cérémonies, deux glaives et une canne ; le Couvreur, un glaive flamboyant, etc.

Blanc, blanche. — Qualificatif donné aux tenues, fêtes ou banquets maçonniques auxquels sont admis des profanes.

Condamné au blanc. — Le blanc était autrefois la couleur caractéristique des Apprentis dont le tablier et les gants étaient de cette couleur. Pour certains délits peu graves, on obligeait, par punition, des frères gradés à porter, pendant un certain temps, dans les assemblées générales, le tablier et les gants d'Apprenti ; cela se nommait : *Etre condamné au blanc.*

Boîte des pauvres. — Nom donné, sous le premier Empire, au tronc de la veuve.

Boules.—Billes de buis ou d'ébène servant pour les scrutins sur les questions soumises au vote de l'Atelier. Les blanches expriment adoption, les noires, rejet de la proposition. Chaque membre de la Loge reçoit à sa place des mains du Maître des cérémonies, une boule blanche et une boule noire.

Le Grand Expert fait ensuite circuler une urne dans laquelle le votant dépose une des *boules*, la blanche ou la noire, selon qu'il est pour ou contre le projet sur lequel on vote. Le Maître des cérémonies repasse ensuite, avec une autre urne, pour recueillir les boules qui restent et dont le compte servira au contrôle des suffrages exprimés.

Parfois le Grand Expert présente deux urnes en même temps, l'une peinte en blanc, l'autre peinte en noir. Pour voter oui, on dépose dans chaque urne une boule de la même couleur qu'elle ; pour voter non, on contrarie les couleurs. Mais ce mode de votation expose à des erreurs et il n'est pas rituélique.

Bref. — Diplôme d'un Maçon revêtu des grades capitulaires.

Brique.—Pièce de un franc. On emploie ce terme quand on annonce le chiffre des offrandes recueillies par l'Hospitalier. Une *demi-brique* ou *petite brique* est une pièce de 50 centimes.

Bulletin. — Journal maçonnique, dont le titre exact est *Bulletin hebdomadaire des Loges de la Région parisienne*. Il publie d'avance le programme des travaux des Loges pour la semaine et sert ainsi de planche de convocation, tous les Maçons de Paris et de sa banlieue y étant abonnés aux frais de leur Loge.

Nul Mag... ne peut correspondre directement avec les rédacteurs du *Bulletin.* S'il déménage, il doit en informer le président de son Atelier qui fait le nécessaire auprès du Secrétaire pour que le service du journal soit continué à la nouvelle adresse.

Le *Bulletin* étant confidentiel ne doit jamais être communiqué aux profanes.

C

Cabinet de réflexions. — Lieu de méditation où le candidat à l'initiation maçonnique est enfermé avant de subir les épreuves. C'est là qu'il répond par écrit à un questionnaire et qu'il rédige son testament moral et philosophique.

Le cabinet ou chambre de réflexions est tendu en noir, éclairé par une seule lampe; on y voit des débris humains; on y lit sur les murs des maximes philosophiques et morales.

L'initiation maçonnique selon nos anciens rituels s'efforçait d'imiter l'initiation aux mystères de l'Egypte antique, telle qu'on se la figurait autrefois. Le myste égyptien, croyait-on, était purifié en passant par les quatre éléments : *terre, air, eau, feu ;* d'où quatre étapes à l'initiation maçonnique.

La première était le *cabinet de réflexions,* souterrain obscur, que le postulant quittait « ni nu ni vêtu » et dépouillé de ses métaux, pour être mené les **yeux bandés** vers le Temple, où il entrait en se courbant et où il était projeté à travers un diaphragme de papier. Cette épreuve représentait emblématiquement les courses difficiles du candidat à l'initiation égyptienne dans les boyaux souterrains des Pyramides ; c'était le « passage par la terre ». (Voyez : *Eau, flammes, tempête.*)

Cahier de grades. — Rituel imprimé, servant à diriger les travaux et régler les réceptions. Chaque Loge possède trois exemplaires des *cahiers de grades* symboliques qui sont placés, à chaque tenue, devant le Vénérable et les deux Surveillants. On les appelait autrefois *cahiers du Grand Orient* et ils étaient manuscrits. (Voyez : *Rituel.*)

Calendrier maçonnique. — C'est le calendrier hébreu, c'est-à-dire formé des mois lunaires.

On donnait jadis ce nom à l'annuaire envoyé par le Grand Orient aux Loges de la correspondance.

Candidat. — Profane proposé à l'initiation. Maçon proposé à une augmentation de salaire.

Canon. — Terme de table : verre. Le mot créé dans les banquets maçonniques a passé, avec le même sens, dans le langage populaire.

Canonnée (Tirer une). — Terme de table : action de boire ensemble au signal du président du banquet. L'expression a vieilli.

Cantique. — Chanson maçonnique. Les anciens recueils de *cantiques* maçonniques du XVIIIe siècle, ont été remis en honneur dans ces dernières années par certaines Loges de l'orient de Paris, notamment pour accompagner les cérémonies de l'initiation.

Le *cantique de clôture* était autrefois d'obligation dans les banquets maçonniques après la dernière santé et le refrain en était répété par tous les assistants, formant la chaîne d'union.

Capitation (Impôt de). — Contribution annuelle payée au trésorier fédéral par les Loges, pour chacun de leurs membres actifs.

On disait autrefois *don gratuit,* et cette taxe était libre sinon facultative. Elle est aujourd'hui fixe en même temps qu'obligatoire.

Capitulaires (Grades). — Grades du rite écossais ancien et accepté, allant du 4e au 18e degré inclusivement.

Capitulaires (Lettres). — Constitutions délivrées par le Grand Orient à un Atelier des hauts grades travaillant au 18e degré.

Cardinaux (Points). — Voyez : *Points géométriques.*

Carte d'identité maçonnique. — Carte individuelle, délivrée par la Loge à chacun de ses membres et portant, outre le sceau de l'Atelier et la signature du Vénérable, celle du titulaire et son portrait, ainsi que les timbres trimestriels justifiant du paiement de ses cotisations.

Catéchisme. — Nom que l'on donnait à l'instruction par demandes et par réponses, composé pour chacun des grades symboliques et remise au nouvel initié pour lui expliquer les principaux symboles du grade.

Centimètre. — Centime. (Voyez : *Brique, kilo, mètre, pierre plate.*)

Cérémonie funèbre. — Voyez : *Pompe funèbre.*

Certificat. — Attestation signée par le Vénérable, ou, à son défaut, par plusieurs Officiers d'une Loge, pour certifier la qualité de Maçon d'un Apprenti ou d'un Compagnon.

La carte d'identité maçonnique a rendu l'usage du certificat inutile.

Chaîne d'union. — Cérémonie à laquelle peuvent seuls prendre part les membres actifs ou honoraires de la Loge, à l'exclusion des visiteurs, qui doivent alors se retirer à l'Orient ou couvrir le Temple

Tout d'abord, les frères placés sur un rang se réunissent en cercle ou plutôt figurent au milieu du Temple une ellipse dont le grand axe est dirigé d'Orient en Occident. Le Vénérable se tient à l'extrémité du grand axe, du côté de l'Orient, ayant à sa gauche l'Orateur, et à sa droite le Secrétaire ; le Grand Expert lui fait face, à l'autre extrémité, entre les deux Surveillants.

Pour former la *chaîne d'union*, chaque frère croise les bras sur sa poitrine et unit sa main droite à la main gauche de son voisin de gauche, sa main gauche à la main droite de son voisin de droite.

La *chaîne d'union* symbolise l'étroite amitié qui règne entre les Maçons.

Elle se forme notamment pour la communication des mots de semestre, pour certaines pompes funèbres et à la fin des banquets d'ordre. En ce dernier cas, les Maçons prennent, au lieu de la main, le drapeau de leur voisin.

Lorsque la *chaîne d'union* se forme devant des profanes, elle se fait, sans croiser les bras, par la seule jonction des mains à droite et à gauche.

Chambre d'appel. — Tribunal maçonnique, composé de délégués judiciaires élus par les Loges et jugeant en second ressort, sur appel, les Maçons déjà indviduellement jugés par les jurys fraternels. Les décisions des *Chambres d'appel* peuvent être déférées à la Chambre de cassation.

Chambre de cassation. — Tribunal de quinze membres élu par le Convent, au scrutin secret, pour trois ans, renouvelable par tiers, et chargé d'examiner les décisions judiciaires des Chambres d'appel et des jurys d'Atelier qui lui sont déférées.

L'insigne des membres de la *Chambre de cassation* est une rosette verte avec liséré orange, frangée d'argent.

Chambre de réflexions. — Voyez : *Cabinet.*

Chambre du milieu. — Tenue solennelle à laquelle assistent seulement des Maçons investis au moins du grade de Maître.

Chapitre. — Nom générique des Ateliers du 4e au 18e degré.

Charger. — Terme de table : emplir

son verre. Littéralement : *charger* le canon de poudre.

Charte — Titre délivré par l'autorité maçonnique aux Ateliers qu'elle constitue, comme Loges, Chapitres, Conseils ou Aréopages. *Charte* est le terme générique. Une Loge reçoit une constitution symbolique ; un Chapitre, des lettres capitulaires et un Conseil, une patente philosophique. *Charte* est désuet : on dit plutôt *constitution.*

Ciment fort. — Terme de table : moutarde.

Ciseau. — Un des outils emblématiques du Maçon, grâce auquel celui-ci doit s'efforcer de faire tomber, comme autant d'aspérités fâcheuses, ses défauts, ses préjugés et ses erreurs.

Clandestine. — Nom que les Maçons donnaient jadis à la femme jugée par chacun d'eux la plus digne de son affection et de son estime. Lors de l'initiation, on remettait au néophyte une paire de gants blancs pour sa *clandestine.*

Collège des Rites (Grand). — Suprême Conseil du Grand Orient de France, composé au maximum de 33 Maçons investis du 33e grade et qui, gardien de la tra-

dition maçonnique, arrête et revise les rituels, approuve ou rédige les instructions
aux divers grades et donne son avis dans
toutes les questions de formes et de rites.

Colonne. — Au propre, chacune des
deux *colonnes* bronzées, avec chapiteau sup-
portant des grenades entr'ouvertes, placées
à l'Occident dans le Temple, des deux côtés
de la porte d'entrée ; celle de gauche en
entrant ou *colonne* du Nord est marquée
d'un J ; celle de droite ou *colonne* du Midi
d'un B. Les Surveillants se tiennent à
proximité : le 1er la colonne B, le 2e de
la colonne J.

Se placer *entre les colonnes*, c'est se tenir à mi-distance de chacune d'elles, près
de la porte du Temple, face à l'Orient.

Au figuré, on appelle *colonnes* les deux
rangées de banquettes sur lesquelles sié-
gent les Maçons en tenue solennelle, parce
qu'elles sont placées dans le prolongement
des deux colonnes de l'entrée. C'est dans
ce sens que le Vénérable dira aux Surveillants : « Priez les frères qui décorent
vos *colonnes* de se joindre à vous et à moi
pour... etc. » Les Apprentis prennent toujours place sur la colonne du Nord, par
définition même supposée moins éclairée
que celle du Midi ; les Compagnons se pla-

cent sur cette dernière. Les Maîtres, à leur choix, sur l'une ou l'autre colonne.

Par extension encore, on nomme *colonnes* l'ensemble des frères placés sur les banquettes. C'est dans ce sens que les Surveillants, interrogés par le Vénérable sur les observations que des membres de l'Atelier peuvent avoir à formuler, répondent, si personne ne demande la parole : « Les *colonnes* sont muettes. »

Colonne funéraire. — Stèle sur laquelle on inscrit le nom du ou des frères décédés, dans les pompes funèbres.

Colonne d'harmonie. — Toute musique, instrumentale ou vocale, destinée à accompagner une cérémonie maçonnique.

Comité (Réunion de). — Réunion de famille dans laquelle on traite les affaires de l'Atelier, notamment les questions administratives, les demandes de secours et dans laquelle on prépare le programme des travaux pour une prochaine tenue solennelle.

Les *réunions de comité*, ouvertes seulement aux membres de la Loge, présentent un grand intérêt pour les Maçons nouvellement initiés qui y prennent contact avec leurs anciens et s'y familiarisent avec les pratiques de la vie maçonnique.

Commission. — Députation de frères nommés à l'élection en vue d'une mission. Il y a dans chaque Atelier deux *commissions* permanentes, respectivement de sept et de cinq membres ; ce sont la commission des finances et la commission de bienfaisance. Mais d'autres commissions, permanentes ou temporaires, peuvent être chargées de préparer ou d'exécuter les décisions de l'Atelier pour certains objets.

Commission d'assistance maçonnique. — Commission de neuf membres, élue par le Convent, au scrutin secret, pour trois ans, renouvelable par tiers et dont le titre seul dit l'objet.

L'insigne des membres de la *Commission d'assistance* est une rosette rouge avec liséré bleu, frangée d'argent.

Communication. — Action de transmettre ou communiquer au Maçon promu à certains grades supérieurs, les signe, mot et attouchement de ce grade, sans employer les formes rituéliques habituelles. Les grades symboliques ne peuvent être donnés que rituéliquement.

Compagnon. — Maçon du second degré (2e grade symbolique). Sauf dispense du Conseil de l'Ordre, il faut à l'Apprenti huit mois d'apprentissage au minimum pour pouvoir être fait *Compagnon.*

Compagnonnage. — Adolescence du Maçon. Laps de temps qui s'écoule entre l'admission d'un frère au grade de Compagnon et sa réception à la maîtrise.

On appelle également *compagnonnage,* par abréviation, la tenue solennelle et généralement collective au cours de laquelle des Apprentis sont faits Compagnons tandis qu'on réserve plus volontiers le terme de *tenue de compagnonnage* pour celle où l'on travaille simplement au grade de Compagnon, sans cérémonie d'initiation. Quand un Atelier travaillant au 1er grade se met en tenue de compagnonnage, les Apprentis doivent couvrir le Temple.

Compas. — Un des outils emblématiques du Maçon. Le *compas* symbolise la mesure dans la recherche de la vérité, l'aspiration à l'idéal bornée par la saine raison, la justesse dans la poursuite de la justice, l'alliance de la science et de l'intelligence.

Comput. — Voyez : *Année.*

Conclusions. — Avis obligatoire que l'Orateur exprime à la fin de chaque discussion lorsqu'il doit y avoir vote sur une question. Ce sont toujours les *conclusions* de l'Orateur que le président met aux voix et non pas la question elle-même ; les *conclusions* ne sont pas nécessairement motivées.

Congé. — Permission régulièrement accordée à un Maçon de ne point prendre part temporairement aux travaux de sa Loge ; le *congé* peut dispenser du paiement des cotisations, si un vote spécial de la Loge en décide ainsi.

Congrès des Loges. — Assemblée au moins annuelle de Maîtres délégués par les Loges d'une région maçonnique, en vue de préparer le Convent ou d'émettre des vœux intéressant la Maçonnerie.

Conseil. — Nom générique des ateliers du 19e au 30e degré ; synonyme d'*Aréopage*; on dit aussi : *Conseil philosophique*.

Conseil de l'Ordre. — Assemblée de 33 membres, élue par le Convent pour trois ans et renouvelable par tiers chaque année.

Le *Conseil de l'Ordre* a la garde de la Constitution ; il pourvoit à l'exécution des lois maçonniques, des décisions du Convent et des arrêts de la justice maçonnique. Il est chargé des relations du Grand Orient

avec les puissances maçonniques étrangè-res et il administre souverainement toutes les affaires de l'Ordre sous réserve de rendre compte de sa gestion à l'assemblée générale.

Les membres du *Conseil de l'Ordre* doivent posséder au moins le grade de Maître.

Constitution. — Loi fondamentale de la Maçonnerie française, votée par l'assemblée générale, ratifiée par les Loges et promulguée par le Conseil de l'Ordre.

La *Constitution* actuelle du Grand Orient date du mois d'avril 1885. A peine modifiée depuis lors par les Convents successifs, elle comporte six titres, divisés en quarante-huit articles.

Un exemplaire de la *Constitution* et du Règlement général doit être remis à tout Apprenti le jour de son initiation.

La *Constitution* et le Règlement général, réunis en un volume que chaque Maçon, quel que soit son grade, doit posséder et qu'il doit étudier sans cesse, forment le code complet de la loi maçonnique.

Constitution symbolique. — Charte, autorisation écrite de se former en Loge, accordée par l'autorité maçonnique à un groupe de Maîtres dont le nombre ne peut être inférieur à sept.

Contribution. — Cotisation supplémentaire imposée à chaque membre quand la dépense de la Loge excède la recette.

Convent. — Assemblée générale annuelle, en septembre, au siège du Grand Orient : 1° de tous les délégués des Loges de la Fédération, nommés au scrutin secret, à raison d'un délégué par Loge ; 2° des membres du Conseil de l'Ordre.

Le *Convent* dure généralement une semaine. Il peut être convoqué extraordinairement par le Conseil de l'Ordre.

La Grande Loge de France tient également un *Convent* annuel.

Convent (*Petit*). — Réunion plénière annuelle des membres du Conseil de l'Ordre qui se tient à la fin du mois de mars, dure ordinairement trois jours et se termine par un banquet.

Convocation. — Avertissement officiel, par une planche spéciale, des tenues ordinaires ou extraordinaires d'un Atelier. Dans la région parisienne, le *Bulletin hebdomadaire des Loges* tient lieu, pour les trois premiers grades, de la *convocation* en forme de lettre-circulaire.

Cordon. — Large ruban de moire indiquant le grade ou l'office dont un Maçon est titulaire.

Le *cordon* de Maître est bleu et se porte en écharpe, de l'épaule droite au côté gauche (au rite écossais, ce cordon est bleu avec liséré rouge).

Celui de Chevalier Rose-Croix (18e) est rouge et se porte en sautoir.

Celui de Chevalier Kadosch (30e) est noir avec liséré blanc et passant, en écharpe, de gauche à droite. Il peut se porter également en sautoir.

Celui des Maçons investis de grades administratifs (31e à 33e) est blanc brodé d'or, avec le numéro du grade et il se porte en sautoir.

Celui des membres du Grand Collège des Rites est blanc brodé d'or (sautoir).

Celui des membres du Conseil de l'Ordre (sautoir) est orangé avec liséré vert et rosette des mêmes couleurs, frangée d'or.

Dans tous les Ateliers, les *cordons* des Officiers se portent en sautoir.

Les Apprentis et les Compagnons qui assistent à un banquet de famille ou à une tenue blanche où se trouvent des profanes, doivent revêtir le cordon de Maître.

De même, s'ils suivent les obsèques d'un frère de leur Atelier ou d'une Loge-sœur, ils doivent se munir du cordon bleu, dont ils se décorent en arrivant au champ de repos, du côté deuil.

Correspondance. — Terme synonyme d'*obédience*. Les Loges de la correspondance du Grand Orient de France sont les Ateliers de son ressort et régis par son autorité.

Correspondance (Lettres). — Un Maçon ne doit jamais correspondre directement avec le Conseil de l'Ordre, ni même avec le Secrétariat du Grand Orient. Il doit toujours passer par l'intermédaire du Vénérable ou tout au moins de l'une des cinq Lumières de sa Loge.

Cotisations. — Sommes annuellement exigées par un Atelier de chacun de ses membres pour les frais généraux. Les *cotisations* se paient, au trésorier, par trimestre et d'avance. Chaque Loge fixe à son gré le quantum des *cotisations* qui, pourtant, ne peuvent être moindres de 18 francs, non comprise la quote-part due pour le banquet obligatoire.

Couleurs (Contrarier les). — Dans les scrutins à boules où l'on vote avec deux urnes, c'est émettre un vote négatif. (Voyez: *Boules.*)

Coupe d'amertume. — Vase renfermant le breuvage que l'on donnait au postulant pendant les épreuves de l'initiation au premier grade. C'était une coupe, divisée en deux compartiments par une cloison intérieure médiane, et que l'on pouvait faire tourner d'un demi-cercle sur son pied à l'insu de qui la tenait. Ainsi pouvait-on lui faire boire alternativement la liqueur douce ou la boisson amère emplissant l'un et l'autre des compartiments, sans qu'il se rendît compte, ayant les yeux bandés, de la manière dont s'opérait la substitution.

La *coupe d'amertume* symbolisait les amertumes dont est abreuvé l'homme de bien dans la vie, sans qu'il puisse les prévenir.

Couvreur. — Officier de Loge, chargé de veiller à la sûreté des travaux ; il garde intérieurement la porte du Temple dont il ne donne l'entrée qu'aux Maçons réguliers, ayant au moins le grade auquel travaille l'Atelier.

Couvrir le Temple. — Littéralement, préserver le Temple des intempéries, le fermer hermétiquement ; figurément, le mettre à l'abri des indiscrétions du dehors, en interdire l'accès à tout Maçon irrégulier et, *a fortiori*, à tout profane. (Voyez : *Tuiler*.)

Quand le Vénérable prie un ou plusieurs des frères présents à une tenue de *couvrir le Temple*, cela signifie que le Temple doit être provisoirement *couvert* (c'est-à-dire fermé) pour eux.

Par extension, *couvrir le Temple* en est venu à signifier : sortir.

Nul ne peut *couvrir le Temple* (sortir) spontanément et sans un ordre ou une autorisation du Vénérable ou du Surveillant de sa colonne ; en cas de sortie définitive celui qui *couvre le Temple* doit auparavant déposer son obole dans le tronc de la veuve placé sur le plateau de l'Hospitalier ou sur celui du premier Surveillant.

Couvrir une batterie. — Voyez : *Batterie.*

Crayon. — Plume à écrire. Le Secrétaire d'un Atelier tient le *crayon*, même quand il écrit au noir. (Voyez : *Noir.*)

D

Décor. — Ornements (cordon, tablier, bijoux) dont se décore le Maçon en tenue solennelle, pour travailler rituéliquement.

Décorer. — Orner ; terme de politesse dont on se sert en tenue pour parler des Maçons qui garnissent les colonnes, c'est-à-dire qui en sont l'ornement.

Décorer (Se). — Se parer de ses insignes et ornements maçonniques.

Dégrossir. — Terme de table : découper les viandes.

Degré. — Grade maçonnique conféré par initiation.

Délégué. — Frère élu par l'Atelier pour le représenter au Convent annuel. Le *délégué* est toujours un Maître. Mais l'Apprenti et le Compagnon prennent part au vote qui le désigne. Autrefois le *député de la Loge*, qui remplissait à peu près les mêmes fonctions, était compté parmi les Officiers.

Délégués *judiciaires*. — Maçons du 3e grade nommés annuellement dans chaque

Loge, en même temps que les Officiers, et dans les mêmes conditions, pour faire partie des jurys d'Atelier et des Chambres d'appel.

Delta. — Nom que l'on donne parfois au triangle lumineux placé à l'Orient, au dessus de la tête du président, à cause de sa forme qui est celle du *delta*, quatrième lettre de l'alphabet grec. Ce triangle est **l'emblème de la science qui éclaire les hommes** : l'œil ouvert qui s'y trouve figure la sagesse, laquelle voit et **prévoit**.

Demandeur. — Frère indigent qui sollicite un secours. Terme vieilli.

Démolir les matériaux. — Terme de table : manger. On dit plutôt : *Mastiquer*.

Démolition. — Exclusion d'un Atelier de la Fédération, par un acte régulier et motivé de l'autorité maçonnique.

Députation. — Mission composée de plusieurs Maçons que l'on envoie dans le parvis au-devant du ou des visiteurs de marque que l'on veut honorer en les faisant accompagner à leur entrée dans le Temple.

Mission envoyée par un Atelier à un autre en vue de prendre part à quelque cérémonie ; en ce cas, les députés ne doivent pas être tuilés avant de recevoir l'entrée du Temple.

Devise. -- La Maçonnerie a pour devise : « Liberté, Egalité, Fraternité ». C'est cette sentence emblématique concise qui sert d'acclamation dans les Loges. Elle a pour auteur Claude de Saint-Martin, le *Philosophe inconnu*, et elle avait cours dans les Ateliers martinistes du XVIIIe siècle, avant que la République, en 1792, l'empruntât à la Maçonnerie.

Autrefois toute Loge, en se créant, adoptait, obligatoirement, une *devise* qui la distinguait des autres Loges.

Dignitaires. — Nom parfois donné aux cinq premiers Officiers de la Loge. On dit aussi : *Lumières*.

Diplôme.— Titre individuel délivré par l'autorité maçonnique et revêtu de son sceau, attestant la qualité de Maître d'un Franc-Maçon. On disait autrefois dans le même sens : *Certificat* ou *bref*.

Il existait également autrefois des *diplômes de Loge*, délivrés par la Loge aux Maîtres pour attester leur qualité. Le *diplôme* dit : *du Grand Orient* était, pour son objet, semblable au *diplôme de Loge* ; mais, étant revêtu de signatures officielles, il procurait, à qui en était porteur, l'entrée de tous les orients du Monde.

Dix-huitième. — Nom donné par abréviation, au Chevalier Rose-Croix, porteur du 18e degré, le plus élevé des grades capitulaires.

Don gratuit. — Ancien nom de l'impôt de capitation.

Drapeau. — Terme de table : serviette.

E

Eau lustrale. — Une des épreuves de l'initiation maçonnique d'après les anciens rituels. Après le deuxième voyage du postulant, le frère Expert lui plongeait le bras nu, à trois reprises, dans un vase rempli d'eau. Cette épreuve reproduisait emblématiquement la purification par l'eau des initiations antiques. (Voyez : *Cabinet, flammes, tempête.*)

Échafaud. — Terme de table : autrefois la table même du banquet.

Écossisme. — Ensemble des pratiques du rite écossais. (Voyez : *Rite.*)

Élection. — Mode de nomination à toutes les fonctions maçonniques.

Les Officiers de Loge, ainsi que les délégués au Convent et les délégués judiciaires (voyez ces mots) sont choisis chaque année, à l'élection, au mois de novembre. Le vote se fait par bulletins, au scrutin secret, obligatoirement uninominal **pour** le Vénérable et, pour les sept autres premiers Officiers, au scrutin uninominal ou au scrutin de liste, **facultativement.**

Les Maîtres seuls peuvent être élus aux divers offices. Les Compagnons et les **Apprentis** peuvent être élus adjoints aux quatre offices qui en comportent.

Ne sont électeurs et éligibles que les Maçons à jour avec la caisse trésorière de la Loge et ayant dans l'Atelier l'ancienneté prévue par le Règlement général.

Encyclique. — Nom jadis donné aux circulaires que le Grand Orient adresse aux Loges ou une Loge à ses membres. On dit aujourd'hui : *Planche tracée.*

Enfants de la Veuve. — Les Francs-Maçons en général, lesquels se considèrent comme les fils d'Hiram, architecte du temple de Salomon, et de son épouse, devenue veuve par l'assassinat de son mari.

Entrée du Temple. — Permission donnée à un Maçon d'assister aux travaux maçonniques.

Etant dans le parvis, pour demander *l'entrée du Temple,* le visiteur frappe trois coups, selon un certain rythme ; les deux premiers marquent le zèle du Maçon ; le troisième, sa persévérance.

Il doit attendre que le frère Couvreur l'avise qu'il peut entrer.

Épée flamboyante. — Epée à la

lame en zigzag, en forme de flamme, et dont le président d'Atelier se sert pour consacrer les initiés.

L'épée flamboyante, dont la légende biblique arme les chéroubs **gardiens** du Jardin d'Eden, symbolise la **pensée vivante** et la vigilance.

Épreuve. — Moyen employé avant l'initiation au 1er grade pour « éprouver » le caractère et les sentiments du postulant. Les épreuves sont physiques ou morales. (Voyez : *Coupe d'amertume, eau lustrale, flammes, voyages.*)

Équerre. — Un des bijoux mobiles ou bijoux d'ordre, ornement du Vénérable.

Un des outils symboliques du Maçon. *L'équerre,* qui réunit le niveau et la perpendiculaire, est l'emblème de la rectitude, de l'égalité et du droit.

Ère maçonnique. — Epoque symbolique d'où l'on commence à compter les années dans la chronologie maçonnique.

Elle part du commencement du Monde selon la légende biblique, c'est-à-dire de 4.000 ans avant notre ère. (Voyez : *Année.*)

Esprit maçonnique. — Mentalité spéciale aux Maçons et que l'un d'eux, le frère Blatin, a parfaitement définie ainsi :

« L'esprit maçonnique est fait du sentiment profond d'affection et de solidarité fraternelles qui doit unir tous les Maçons, du mépris des préjugés qui gouvernent la plupart des hommes, de l'amour de notre Ordre et du respect des traditions qui font sa force, de la soumission à nos formes rituéliques qui constituent notre discipline, de la compréhension de nos symboles dont découlent nos plus hauts enseignements de philosophie et de morale. »

Esquisse des travaux. — Brouillon du procès-verbal d'une tenue maçonnique; notes du Secrétaire. (Voyez : *Tracer.*)

Étoile. — Flambeau allumé, lumière portative. On nommait autrefois *étoiles fixes*, les bougies des lustres placés aux endroits élevés du Temple et *étoiles mobiles*, les bougies posées sur les chandeliers à trois branches et les candélabres.

Etoile flamboyante. — Un des ornements de la Loge. Etoile à cinq branches, placée à l'Occident, auprès de la colonne du Nord ; emblème de la pensée libre, du feu sacré du génie, qui élève l'homme aux grandes choses. Au centre de cette étoile est un monogramme dont la signification

symbolique est enseignée aux initiés du
2e degré.

Examen. — Interrogatoire d'après l'instruction de son grade, auquel est soumis le
Maçon qui sollicite une augmentation de
salaire.

Exclusion. — Radiation définitive d'un
Maçon des contrôles de la Maçonnerie, soit
pour faute grave et à la suite d'un jugement maçonnique, — soit, *de plano*, s'il a
encouru dans le monde profane une con-
damnation infamante.

Expert. — Officier de Loge chargé de diriger les récipiendaires dans le cours des
épreuves, d'instruire les néophytes, d'examiner les visiteurs.

F

Faisceau. — Recueil de différents morceaux d'architecture ou discours. Ce terme est désuet.

Faisceau d'armes. — Réunion d'un certain nombre de glaives pour le service du Temple.

Faveur. — Terme de politesse, par quoi les Maçons remplacent le mot « honneur » dans la formule : « J'ai l'honneur de... » On dit : « J'ai la *faveur de...* ».

Fermeture. — Fin des travaux maçonniques, qui a lieu, en Loge, à l'heure symbolique de minuit.

Fête de famille. — Banquet en tenue blanche. La *fête de famille* se donne généralement aux environs du solstice d'été, vers le 21 juin. Présidée, comme le banquet d'ordre, par un délégué du Conseil de l'Ordre, cette cérémonie débute par un repas; un concert ou un bal la termine

Tous les frères de l'Atelier sont tenus d'assister à la fête solsticiale. Ils doivent y faire participer leur femme et leurs enfants.

Fêtes d'ordre. — Fêtes réglementaires et obligatoires qui, jusqu'en 1885, devaient être célébrées à chaque solstice. Celle de juin était dite *fête de l'Espérance* ou *de la Saint-Jean d'été* ; celle de décembre, *fête de la Reconnaissance* ou *de la Saint-Jean d'hiver*. Depuis la promulgation du nouveau Règlement général, les deux *fêtes d'ordre* sont remplacées par un seul banquet : soit banquet d'ordre, soit agape ou fête de famille.

Feu. — Terme de table : santé portée. *Faire feu*, boire en portant un toast.

Feuille de l'épreuve. — Imprimé dans les blancs duquel le candidat, lors de son passage par le cabinet de réflexions, avant les épreuves de l'initiation au 1er grade, doit inscrire ses réponses aux quatre questions d'usage, ainsi que son testament moral et philosophique.

Figures allégoriques. — Peintures murales allégoriques qui ornaient autrefois l'intérieur des locaux maçonniques et représentaient les vertus des Maçons : l'Union, la Sagesse, la Bienfaisance, etc.

Filet. — Terme de table : liséré bleu ou rouge placé sur le voile et marquant l'alignement des armes.

On donne aussi quelquefois ce nom aux tables improvisées (planches sur tréteaux) que l'on ajoute à la table principale du banquet, en vue d'augmenter le nombre de places.

Flammes (Passage par les). — Une des épreuves de l'initiation maçonnique d'après les anciens rituels. Pendant son troisième voyage, on suivait le postulant marchant à grands pas, en l'enveloppant par trois fois dans les *flammes*. Cette épreuve reproduisait emblématiquement la purification par le feu des initiations antiques. (Voyez : *Cabinet, eau, tempête.*)

Force et vigueur. — Formule maçonnique exprimant, par la réduplication du sens, l'énergie de l'action. On l'emploie notamment dans la phrase : « Les travaux reprennent *force et vigueur.* »

Franc-Maçon. — Homme libre et de bonnes mœurs, qui préfère à toutes choses la justice et la vérité ; qui, dégagé des préjugés du vulgaire, a reçu l'initiation maçonnique et qui remplit assidûment les devoirs auxquels il s'est volontairement astreint.

La qualité de *Franc-Maçon* ne s'acquiert que par l'initiation.

Franc-Maçonnerie. — « Institution philanthropique, philosophique et progres-

sive qui a pour objet la recherche de la vérité, l'étude de la morale et la pratique de
la solidarité ; elle travaille à l'amélioration
matérielle et morale, au perfectionnement
intellectuel et social de l'humanité. »

On désigne aussi par *Franc-Maçonnerie*
l'ensemble, la société des Francs-Maçons et
l'on dit le plus souvent : *Maçonnerie*, par
abréviation.

Frère. — Nom que les Maçons se donnent entre eux quels que soient leur situa-
tion profane et leurs grades maçonniques
respectifs.

De quelque rite reconnu que soit un
Franc-Maçon, il est le *frère* de tous les
Maçons et chacun d'eux a pour devoir, en
toute circonstance, de l'aider, de le protéger, de le défendre contre l'injustice, même
au péril de la vie.

Frère à talent. — Franc-Maçon ar-
tiste : peintre, décorateur, chanteur, musi-
cien, qui, en raison des services qu'il rend
gratuitement à sa Loge peut être dispensé
par elle des cotisations.

Frère servant. — Voyez : *Servant.*

Frère terrible. — Voyez : *Grand Expert.*

G

Gage. — Voyez : *Augmentation.*

Gants. — Emblème de la pureté. Les *gants* jouaient autrefois un rôle important dans les cérémonies de l'initiation maçonnique. On offrait au néophyte deux paires de gants blancs, une pour lui-même, une « pour la femme qu'il estimait le plus ». (Voyez : *Clandestine.*)

Il était également d'usage, lors de l'installation d'une Loge, d'envoyer trois paires de gants blancs aux trois délégués du Grand Orient chargés d'installer la Loge, avant qu'ils pénétrassent dans le Temple.

Dans certains pays, en Suisse, par exemple, les Maçons ne sont admis aux tenues solennelles que gantés de blanc.

Garant d'amitié. — Maçon qui représente officiellement et d'une façon régulière une Loge auprès d'une autre Loge, lorsqu'elles ont décidé de s'affilier entre elles. Le *garant d'amitié* siège à l'Orient, aux places d'honneur.

Garde du Sceau. — Officier de Loge, chargé d'apposer l'empreinte du sceau sur toutes les planches émanant de l'Atelier. Il est souvent remplacé par le Secrétaire.

Géométriques (Points). — Voyez : *Points cardinaux*.

Glaive. — Epée à la poignée de cuivre ciselé, en forme de croix, et dont la lame plate est à deux tranchants. Les *glaives* servent aux Maçons en diverses circonstances : pour les initiations, pour former la *voûte d'acier*, pour rendre les *honneurs*. (Voyez ces mots.) Le frère servant répartit les glaives sur les colonnes les jours de cérémonies rituéliques à raison d'un par assistant. Les glaives sont la propriété de l'Atelier.

Les *glaives* ont une double signification emblématique. Avant 1789, ils symbolisaient l'égalité, tous les frères ayant le droit de porter en Loge l'épée que, seuls, les gentilshommes et les officiers du roi portaient à la ville.

Ils symbolisent aujourd'hui la lutte loyale que le Maçon doit soutenir sans relâche pour la justice et pour la vérité.

Glaive. — Terme de table : couteau.

Grade. — Degré dans l'initiation. Le Grand Orient de France reconnaît 33 grades ; savoir : 1° trois *grades symboliques;* 2° quinze *grades capitulaires ;* 3° douze *grades philosophiques ;* 4° trois *grades administratifs.*

Le premier grade symbolique est celui *d'Apprenti* ; le second celui de *Compagnon.* Le troisième grade, celui de *Maître,* confère la plénitude des droits maçonniques

A partir du 4ᵉ degré, commence la série des *hauts grades.*

Grand Architecte. — Nom que les Maçons donnaient à Dieu dans les anciens rituels. On disait aussi *Grand Architecte de l'Univers.*

Autrefois toutes les pièces maçonniques débutaient par la formule : A∴ L∴ G∴ D∴ G∴ A∴ D∴ L'U∴ (*A la Gloire du Grand Architecte de l'Univers*). Depuis 1876, le Grand Orient de France se refusant à toute affirmation dogmatique, cette formule a disparu et celle-ci, qui lui faisait suite, l'a remplacée : *Au nom et sous les auspices du Grand Orient de France* que l'on écrit : A∴ N∴ E∴ S∴ L∴ A∴ D∴ G∴ O∴ D∴ F∴

Les Maçons du rite écossais ont conservé le culte du *Grand Architecte.*

Grand Collège des Rites. — Voyez : *Collège.*

Grand Conservateur. — Voyez : *Grand Maître*.

Grand Expert. — Officier de Loge. Le *Grand Expert* se nommait autrefois le « Frère terrible ». Il est notamment chargé, pendant les épreuves de l'initiation, d'accompagner le postulant.

Grand Maître. — Titre que portèrent de l'origine jusqu'en 1814 et de 1852 à 1871, les chefs du Grand Orient de France.

A noter pourtant que, de 1795 à 1804, le frère Roettiers de Montaleau se fit appeler *Grand Vénérable*.

En 1814-1815, Kellermann s'intitula *Administrateur général* et Masséna ainsi que Lacépède adoptèrent le titre de *Grand Conservateur*.

De 1815 à 1852, cette appellation fit place à celle de *Grand Maître adjoint*, sauf en 1834 où le général Rampon reprit le nom de *Grand Conservateur* et en 1849-50 où le frère Desanlis fut dit : *Président du Grand Orient*.

De 1852 à 1871, on revit les *Grands Maîtres* qui, finalement firent place aux *Présidents du Conseil de l'Ordre*.

Les Maçons du rite écossais ont conservé à leur chef élu le titre de *Grand Maître*.

Il en est de même de la plupart des puissances maçonniques étrangères.

Grand Maître adjoint. — Titre qui équivaut, chez les Maçons du rite écossais à celui de vice-président du Conseil de l'Ordre.

Grand Orient. — Fédération d'Ateliers maçonniques, régis par une même Constitution et par les règlements qui en dérivent.

Le *Grand Orient de France*, suprême Conseil pour la France et pour les possessions françaises, a son siège à Paris, 16, rue Cadet.

La Fédération du *Grand Orient de France* comportait au 1er janvier 1921 (E. V.) 415 Loges, 80 Chapitres et 33 Conseils philosophiques.

Grande Loge. — Dénomination qui remplace celle de Grand Orient dans les pays ou dans les obédiences où cette dernière expression n'est point admise.

Aux débuts de la Maçonnerie française, celle-ci était sous l'obéissance de la Grande Loge d'Angleterre. Quand s'organisa entièrement la Grande Loge de France, elle s'intitula par reconnaissance Grande Loge anglaise de France. Une scission s'étant produite en 1772, la partie principale de la Grande Loge continua de vivre sous la dénomination de Grand Orient de France.

Il y eut en outre des *Grandes Loges* provinciales qui gouvernaient la Maçonnerie de leur orient.

Grande Loge de France. — Fédération française des Ateliers symboliques du rite écossais, dont le siège est à Paris, 8, rue Puteaux. Cette puissance maçonnique est reconnue par le Grand Orient.

La *Grande Loge de France* comptait **153** Loges au 1er janvier 1921 (E. V.).

Grande Maîtrise. — Dignité de Grand Maître.

H

Habiller (S'). — Se revêtir des insignes et ornements de son grade. *Habit* est synonyme de *décor*.

Harmonie (Colonne d'). — Voyez : *Colonne*.

Heure maçonnique. — Heure symbolique conventionnellement adoptée pour ouvrir (midi) et pour fermer (minuit) les travaux d'une Loge.

Honneurs. — Cérémonial d'introduction destiné à honorer de façon spéciale les dignitaires du Conseil de l'Ordre, les inspecteurs chargés d'une mission par ce Conseil, les députations d'Ateliers, ainsi que le Vénérable de l'Atelier, s'il demande l'entrée du Temple après que les travaux ont été ouverts par un autre que par lui.

Une députation plus ou moins nombreuse, selon le cas, composée exclusivement de Maîtres, sous la direction du Maître des cérémonies, porteur d'un flambeau, et du Grand Expert, se rend dans le parvis pour les recevoir. Ils sont conduits à l'Orient, maillets battants, en passant sous la voûte d'acier.

Les dignitaires d'autres Fédérations reconnues doivent être reçus avec des honneurs pareils à ceux déterminés pour les dignitaires du Grand Orient.

Hiéroglyphes. — Caractères de l'écriture maçonnique en usage aux XVIIIe et XIXe siècles. (Voyez : *Alphabet*.)

Hiram. — Architecte du temple de Salomon d'après la légende biblique. (Voyez : *Enfants de la Veuve*).

Honorariat. — Etat du Maçon affranchi de ses cotisations par un vote de son Atelier. Il faut pour solliciter *l'honorariat* avoir au moins cinquante ans d'âge et vingt ans de Maçonnerie active dans la Fédération.

L'honorariat est exclusif de l'égilibilité aux offices.

On ne doit pas confondre le membre *honoraire* avec le membre *d'honneur*. Cette dernière qualification, non reconnue par la loi maçonnique, peut être décernée par l'Atelier à un de ses membres en remerciement de services rendus, mais elle ne comporte aucune décharge des obligations pécuniaires de l'intéressé.

Hospitalier. — Officier de Loge, trésorier des métaux recueillis dans le tronc de bienfaisance.

Houppe dentelée. — Un des ornements de la Loge. Cordon régnant sur la frise des murs du Temple et formant de distance en distance des nœuds emblématiques du genre dit « lacs d'amour »; ce cordon se termine vers chaque colonne par une houppe.

Emblème de la fraternité qui unit les Maçons, la *houppe dentelée* circule autour du Temple, image de l'Univers, pour marquer l'union de tous les Maçons du globe.

Houzzai. — Acclamation des Maçons travaillant au rite écossais.

I - J - K

Illustre. — Terme de politesse. Quand on écrit ou que l'on parle publiquement à un membre du Conseil de l'Ordre ou du Grand Collège des Rites, la règle est de l'appeler : *Très illustre frère* (T∴ Ill∴ F∴). La courtoisie veut qu'on donne le même titre aux anciens membres du Conseil de l'Ordre ou aux Maçons qui se sont particulièrement distingués par les services qu'ils ont rendus à la Fédération.

Inauguration. — Cérémonie rituélique de consécration d'un local maçonnique.

Initiation. — Admission à un grade maçonnique et à la connaissance des mystères particuliers à ce grade.

D'une façon absolue : la première *initiation*, l'admission dans la Maçonnerie comme Apprenti.

L'*initiation* ne fait pas le Maçon. Elle confère seulement à l'initié des droits et surtout des devoirs nouveaux, en même temps qu'elle lui trace la voie dans laquelle il doit s'efforcer d'acquérir une mentalité spéciale qu'on appelle l'esprit maçonnique. (Voyez ce mot.)

Insigne. — Ornement distinctif des grades. C'est le tablier et non le cordon qui constitue le véritable *insigne* du Maçon.

L'*insigne* de l'Apprenti est un tablier de peau blanche dont la bavette est relevée. Le Compagnon porte le même tablier, la bavette rabattue, ayant moins besoin de se protéger contre les éclats de la pierre brute. L'*insigne* du Maître est le tablier de soie blanche, bordée de bleu.

Inspecteurs. — Commissaires nommés par le Conseil de l'Ordre pour visiter les Ateliers de la Fédération et s'assurer si le règlement y est observé, les travaux réguliers, les archives et les comptes en ordre.

Instance. — Etat particulier d'un Atelier provisoire pendant qu'il sollicite de l'autorité maçonnique ses lettres de constitution.

Installation. — Cérémonie rituélique par laquelle un ou plusieurs commissaires, délégués du Conseil de l'Ordre, installent un Atelier provisoire autorisé à devenir définitif. Les commissaires sont généralement choisis parmi les membres du Conseil de l'Ordre et du Grand Collège des Rites.

Dans certains cas, un Atelier peut être autorisé à s'installer lui-même. Le Vénérable et les Surveillants font alors fonction de commissaires installateurs.

Installation des Officiers. — Cérémonie qui a lieu chaque année en Loge, dans la tenue qui suit les élections générales. Le Vénérable est installé par son prédécesseur ou, à défaut de celui-ci, par l'Officier sortant le plus élevé dans l'ordre hiérarchique. Immédiatement après, le Vénérable installe les autres Officiers élus en même temps que lui. L'Orateur prête l'obligation au nom de tous d'observer fidèlement la Constitution et le Règlement général.

Instruction. — Petit livret imprimé contenant un résumé des principales connaissances indispensables au Maçon, à chaque grade acquis par lui.

Instruction judiciaire. — Enquête sur une plainte dirigée contre un Atelier ou contre un Franc-Maçon.

Les plaintes portées contre les Ateliers sont instruites par une commission composée d'un membre de la Chambre de cassation, des Orateurs de deux Loges voisines désignées par le sort et de deux Maçons actifs, Maîtres, et désignés : l'un par le plaignant, l'autre par l'Atelier inculpé.

Les plaintes portées contre les Maçons sont instruites par un comité composé des cinq Lumières de l'Atelier auquel appartient le frère incriminé ; ce comité convoque le plaignant et l'inculpé et tente de les concilier ; s'il ne peut y parvenir, la Loge est convoquée pour le tirage au sort d'un jury fraternel.

Interrogatoire. — Examen oral, en trois séries de questions, que le postulant subit, sous le bandeau, avant chaque voyage ou épreuve, lors de l'initiation au premier grade.

Interstice. — Laps de temps qui doit réglementairement s'écouler entre la collation des grades. Ce terme a vieilli.

Investigation. — Nom donné autrefois à ce qu'on nomme aujourd'hui *instruction judiciaire*.

Irrégularité. — État du Maçon irrégulier, c'est-à-dire reçu dans une Loge illégalement constituée ou pratiquant un rite non reconnu par le Grand Orient.

On appelle également Maçon irrégulier, celui qui a été radié des contrôles pour un motif quelconque ou celui qui ayant donné sa démission, après paiement de ses cotisations, ne prend plus d'activité. Dans ce dernier cas, ce frère est plutôt dit « en sommeil ».

J. — Initiale du nom de la colonne du Nord (au rite français). Nom, dans la légende biblique, d'une des colonnes du temple de Salomon près de laquelle les apprentis touchaient leur salaire. Il signifie : stabilité, fermeté.

Jeton de présence. — Petite médaille que l'Hospitalier remet à chaque frère, en échange de son obole, quand il fait circuler le tronc de la veuve. Ce jeton, d'une valeur convenue, variable selon les Ateliers, est repris par le Trésorier en paiement des cotisations. Tous les Ateliers ne donnent pas de *jetons de présence*.

Jury d'Atelier. — Tribunal composé de délégués judiciaires, élu par les Loges, qui juge les Ateliers mis en accusation et dont les décisions sont susceptibles de pourvoi devant la Chambre de cassation.

Jury fraternel. — Tribunal composé de sept membres d'une Loge désignés par le sort et chargé de statuer en premier ressort sur la plainte portée contre un Maçon de la Loge par un autre Maçon.

Le Maçon qui croit avoir à se plaindre

d'un de se frères ne doit jamais en effet le poursuivre devant les tribunaux profa- nes. C'est à la justice maçonnique qu'il doit demander de faire prévaloir son droit.

Le pouvoir judiciaire est exercé en pre- mier ressort par les Loges, au moyen de *jurys fraternels* pris dans leur sein et dont les décisions sont susceptibles d'appel de- vant les Chambres d'appel. (Voyez ce mot.)

Les Compagnons et les Apprentis ayant au moins six mois d'activité peuvent faire par- tie de ces jurys.

Kadosch. — Mot hébreu qui veut dire : saint. *Chevalier Kadosch,* nom du Maçon investi du 30e grade, au rite écossais an- cien et accepté.

Kilo. — Somme de un franc. Cette ex- pression s'emploie surtout pour compter le nombre de francs que contient le tronc de la veuve, après circulation.

L

Legrand Nétori (Monsieur). — Adresse anagrammatique à laquelle on expédiait autrefois toutes les lettres ou communications destinées au Grand Orient. (Voyez : *Anagramme.*) On écrit aujourd'hui : *Monsieur Netori,* tout court.

Levier. — Un des outils symboliques du Maçon.

Le *levier* est l'emblème de la puissance du travail, du pouvoir irrésistible de la volonté intelligemment appliquée.

Liberté, Égalité, Fraternité. — Acclamation des Maçons travaillant au rite français. (Voyez : *Devise.*)

Livre d'architecture. — Registre des procès-verbaux d'une Loge.

Livre de présence. — Registre placé dans le parvis et où chaque Maçon, membre de la Loge ou visiteur, doit apposer sa signature avant d'entrer dans le Temple.

Livre matricule. — Registre de Loge, tenu par le Secrétaire, sur lequel doivent être inscrits tous les membres de l'Atelier par ordre d'admission, et indiquant pour chacun ses nom et prénoms, ses qualités civiles, ses date et lieu de naissance, son domicile, son grade maçonnique.

Locaux maçonniques. — Bâtiments renfermant les Temples des Francs-Maçons et leurs dépendances. Certains mots de reconnaissance ne doivent jamais être prononcés en dehors des *locaux maçonniques*.

Loge. — Groupe d'au moins sept Maçons du 1er au 3e degré travaillant régulièrement et non (comme certains le croient) le local où ils travaillent : ce local se nomme le Temple.

Loge d'adoption. — Voyez : *Adoption*.

Loge générale. — Nom donné jadis à une Loge travaillant au grade d'Apprenti et où tous les frères indistinctement sont admis.

Loge d'instruction. — Nom donné jadis aux tenues consacrées à l'explication du tableau de la Loge, aux discours sur la science maçonnique, etc. Ces tenues purement éducatives n'étaient point suivies de banquet.

Loge-Mère (ou Mère-Loge). — Autrefois, toute Loge, régionale ou nationale, qui avait acquis le droit d'en constituer d'autres. Celles-ci, par rapport à la *Mère-Loge*, étaient dénommées *Loges-filles*.

Pour *Mère-Loge* on disait aussi : Grande-Loge. (Voyez ce mot.)

La *Loge-Mère* est aujourd'hui l'Atelier symbolique dans lequel un Maçon a reçu l'initiation, par opposition aux Loges auxquelles, par la suite, il peut appartenir, soit comme affilié soit comme fondateur.

Le Franc-Maçon doit se faire un devoir de toujours appartenir à sa *Loge-Mère* comme membre actif ou (s'il quitte l'orient où elle se réunit), comme membre correspondant.

Loge-Sœur. — Nom générique donné par tout Atelier du Grand Orient de France à toute Loge de la Fédération, et même, par extension, à toute Loge d'une puissance maçonnique reconnue par le Grand Orient.

Cependant, dans la pratique, beaucoup d'Ateliers réservent ce nom aux Loges avec lesquelles ils échangent des garants d'amitié.

Loge de table. — Voyez : *Banquet*.

Loges de la Correspondance. — Loges dépendant du Grand Orient de France.

Loi du silence. — Devoir de discrétion du Maçon, qui, sous aucun prétexte que ce soit, par parole ou par écrit, n'a le droit de publier la moindre chose sur ce qui touche, de près ou de loin, à la Maçonnerie ou à son institution, sans en avoir reçu l'autorisation expresse et seulement de la manière qui lui est indiquée.

Il doit être muet sur ce qui se passe dans sa Loge et ne doit même pas révéler à un frère absent ce qui s'est passé en son absence. A plus forte raison ne doit-il jamais parler, devant des profanes, des choses de la Maçonnerie.

Louveteau — Corruption de *Lowton.* (Voyez ce mot.)

Lowton. — Mot anglais ; fils de Maçon ou mineur régulièrement adopté par une Loge.

Lumière. — Initiation maçonnique.

Recevoir la lumière, c'est être initié Franc-Maçon, les profanes étant dans les ténèbres.

Donner la lumière, c'est ôter le bandeau qui couvre les yeux du récipiendaire, son initiation terminée.

Lumières. — Les cinq Officiers dignitaires d'une Loge, savoir : le Vénérable, les deux Surveillants, l'Orateur et le Secrétaire.

M

Maçon de théorie. — Franc-Maçon s'occupant de *Maçonnerie spéculative* ou *philosophique*, par opposition au maçon *de pratique*, ouvrier en bâtiment se livrant à la *maçonnerie opérative* ou manuelle.

Maçon de pratique. — Ouvrier maçon ; il ne pouvait jadis devenir Franc-Maçon, les salariés n'étant pas admis dans les Loges.

Maçonnerie. — Voyez : *Franc-Maçonnerie*.

Maçonnerie d'adoption. — Maçonnerie féminine, à l'époque où le Grand Orient admettait des femmes dans la Maçonnerie. Elle se composait de cinq grades dont les emblèmes et les images étaient tous tirés de la Bible. (Voyez : *Adoption*.)

Maçonnerie blanche ou *administrative*. — Nom donné à la réunion des grades qui vont de Chevalier Kadosch (30e) exclusivement à Souverain Grand Inspecteur général (33e) inclusivement.

Maçonnerie bleue ou *symbolique*. —

Nom donné à la réunion des trois premiers grades : Apprenti, Compagnon, Maître.

Maçonnerie noire ou *philosophique*. — Nom donné à la réunion des grades qui vont de Chevalier Rose-Croix (18e) exclusivement à Chevalier Kadosch (30e) inclusivement.

Maçonnerie opérative. — Maçonnerie pratique ou manuelle, par opposition à la *Maçonnerie spéculative* ou Franc-Maçonnerie.

Maçonnerie rouge ou *capitulaire*. — Nom donné à la réunion des grades qui vont de Maître (3e) exclusivement à Chevalier Rose-Croix (18e) inclusivement.

Maçonnerie spéculative. — Franc-Maçonnerie, par opposition à la maçonnerie *opérative* ou manuelle.

Maillet. — Un des outils symboliques du Maçon. Le maillet est l'emblème de la puissance directrice du travail, de la volonté agissante.

Au propre, petit marteau de bois ou d'ivoire dont sont armés pour diriger les travaux, le Vénérable, président de la Loge et ses lieutenants, les Surveillants.

Tenir le maillet, c'est exercer les fonctions de Vénérable.

L'expression : *Premier, deuxième, troisième maillet* sert parfois à désigner l'office même de Vénérable, de premier et de deuxième Surveillant.

Placer une question *sous le maillet*, c'est l'inscrire à l'ordre du jour, la mettre en discussion.

Maillets battants. — Cérémonial d'introduction : honneur spécial que l'on rend à des délégués du Grand Orient, à des visiteurs de marque ou à des députations et qui consiste en un roulement ininterrompu des maillets des trois premières Lumières de l'Atelier ; cet honneur accompagne généralement la voûte d'acier.

Maître. — Maçon du 3e degré (3e grade symbolique).

Maître des banquets. — Officier de Loge, spécialement chargé de l'organisation des fêtes de table.

Maître des cérémonies. — Officier de Loge chargé de diriger le cérémonial, d'introduire les visiteurs **et de les placer** suivant leurs grades ou dignités, de faire circuler le sac des propositions, de joindre ses remerciements à ceux des membres de la Loge, des visiteurs, des affiliés ou initiés et, au besoin, de prendre pour eux la parole.

Maîtrise. — Troisième et dernier degré de la Maçonnerie symbolique. Etat du Maçon revêtu du grade de Maître. La *maîtrise*, que l'on peut comparer à la majorité dans la loi civile, confère la plénitude les droits maçonniques.

Marche. — Façon de marcher pour entrer en Loge. La *marche* d'Apprenti consiste, étant à l'ordre, le corps effacé, à faire un certain nombre de pas en avant, en rassemblant, après chaque pas, les pieds en équerre, talon contre talon ; la marche se termine par le signe en manière de salut.

Marque. — Une des épreuves physiques de l'initiation d'autrefois.

Dans certaines Loges, pour éprouver le courage du postulant, on lui demandait de consentir à la *marque,* c'est-à-dire à l'apposition sur son épaule d'un sceau rougi au feu. Bien entendu, l'épreuve n'allait jamais jusqu'à la réalisation. (Voyez : *Sceau.*)

Mastic. — Terme de table : aliments en général ; l'expression a vieilli.

Mastication. — Terme de table : action de manger, à laquelle on se livre, sur l'invitation du président, quand les travaux sont suspendus.

Matériaux. — Terme de table : aliments en général, mets.

Médaille. — Somme d'argent peu élevée, mais supérieure à la brique et au klio. Une *médaille d'Apprenti* c'est 3 francs, une *médaille de Compagnon*, 5 francs ; une *médaille de Maître*, 7 francs. Quand on stipule le métal, une *médaille d'argent* signifie 5 francs et une *médaille d'or*, 20 fr.

Par extension, somme quelconque allouée à titre de secours, de subvention. Exemple : « Une *médaille* de 100 briques a été votée à la veuve du F∴ X…».

Membre actif. — Maçon régulier qui a dans sa Loge voix délibérative et qui, lorsqu'il est Maître, est éligible aux offices ; l'assiduité aux tenues et la ponctualité dans le paiement des cotisations sont la marque ordinaire de l'activité maçonnique

Tout *membre actif* qui s'absente de son orient devient de droit membre correspondant.

Métaux.— Or, argent ou cuivre, façonné ou monnayé.

Plus généralement, toute monnaie, même de papier.

Pendant les épreuves de l'initiation, le

postulant est dépouillé de tous ses *métaux*, y compris ses bijoux. Cette tradition maçonnique provient, dit une légende, des prêtres égyptiens qui, pour sacrifier au soleil, déposaient leurs bagues et leurs autres ornements d'or et d'argent.

Le dépouillement des *métaux* symbolise le mépris des richesses et le détachement des préjugés profanes que le postulant doit affirmer en sollicitant la lumière maçonnique.

Mètre. — Pièce ou valeur de 100 francs.

Midi.— Un des points géométriques : côté droit en entrant dans le Temple, la porte étant toujours supposée à l'Occident. La partie la plus éclairée après l'Orient ; celle où siègent les Maîtres et les Compagnons.

Heure symbolique de l'ouverture des travaux en Loge.

Minuit. — Heure symbolique de la fermeture des travaux.

Misraïm. — Littéralement : Egypte. *Rite de Misraïm*, sorte de Maçonnerie prétendue égyptienne, comportant 90 grades ou degrés.

Mopse. — Nom que l'on connait au XVIIIe siècle à l'épouse d'un Maçon. Ce mot venait de certaines Loges mixtes autrichiennes.

Morceau d'architecture. — Discours écrit ou parlé, conférence, voire pièce de vers, sur un sujet maçonnique. On dit aussi *pièce d'architecture*. Mais cette dernière locution s'applique plustôt au tracé des travaux d'une tenue.

Mot. — Moyen de reconnaissance entre Maçons. Le *mot sacré* et le *mot de passe* de chaque grade sont invariables et demeurent tels qu'ils sont enseignés au Maçon le jour de son initiation. Les *mots de semestre* sont variables.

Le *mot de passe* se donne au tuilage quand on le demande, sans s'épeler. Il commence par la lettre *T*.

Le *mot sacré* se donne au tuilage, en même temps que l'attouchement, mais ne se prononce pas et doit s'épeler à deux, le tuileur, requis de le faire, fournissant la première lettre au tuilé qui répond par la seconde lettre — et ainsi de suite. Le mot commence par la lettre *J*.

Les *mots de semestre* se donnent au tuilage chaque fois qu'on les demande. Ainsi nommés parce qu'ils varient tous les six mois, ces mots sont arrêtés par le Grand Orient qui en fait part, à chaque solstice, aux Vénérables des Loges. Ceux-ci les transmettent aux frères de leur Atelier suivant un rituel déterminé en formant la *chaîne d'union*. (Voyez ce mot.) Ce moyen de reconnaissance consiste en deux mots, commençant par la même lettre, et qu'on échange, à l'oreille, entre tuileur et tuilé.

Les membres de la Loge absents lors de la communication des *mots de semestre* doivent s'adresser au Vénérable qui, seul, a qualité pour les leur donner.

Il est expressément interdit d'inscrire sur quelque calepin ces mots qui ne doivent être échangés qu'à voix basse, dans les locaux maçonniques, et avec les Maçons qualifiés pour les recevoir.

Sous aucun prétexte on ne doit les communiquer à un Maçon d'un autre Atelier ; ce serait risquer de favoriser l'entrée du Temple à un irrégulier.

L'usage des *mots de semestre* remonte au jour de l'installation de Philippe d'Orléans, duc de Chartres, comme Grand Maître du Grand Orient de France, le 28 octobre 1773.

Mystères. — Cérémonies rituéliques et moyens de reconnaissance de la Maçonnerie, sur lesquels le secret est exigé des initiés.

N - O

Néophyte. — Nom donné au récipiendaire après son initiation. Littéralement : Nouveau-né, du grec *neos*, nouveau, et *phutos*, né ; l'initiation maçonnique étant considérée comme une nouvelle naissance du profane.

Niveau.—Un des bijoux mobiles ou bijoux d'ordre, ornement du premier Surveillant. Le *niveau* est l'emblème de l'égalité.

Noir. — Encre à écrire.

Nord.—Côté gauche du Temple, en entrant.

Symboliquement la partie la moins éclairée ; celle où siègent obligatoirement les Apprentis qui sont les moins instruits des Maçons.

Obédience. — Juridiction d'une autorté maçonnique.

Obligation. — Promesse de fidélité du Maçon à l'Ordre, à sa Constitution et à son Règlement général.

L'obligation est prêtée par le récipiendaire au moment de l'initiation ; par les Officiers d'une Loge lors de leur installation ; par les délégués à l'assemblée générale au début du Convent.

Occident. — Côté de l'entrée du Temple où s'érigent les colonnes *J* et *B*, et où siègent les deux Surveillants, au rite français.

Office. — Fonction supérieure dans un Atelier. Les *offices* se donnent à l'élection. Remplir d'*office* une fonction, c'est remplacer, sur l'invitation du président, un Officier absent.

Officier — Maître élu à un office dans son Atelier. Chaque Loge est dirigée par des *Officiers* qu'elle nomme annuellement parmi ses membres. Ces *Officiers* sont : le Vénérable ou président ; un premier et un deuxième Surveillants ; un Orateur ; un Secrétaire ; un Grand Expert ; un Trésorier ; un Hospitalier ; un Archiviste-bibliothécaire ; un premier et un deuxième Maître des cérémonies ; un Architecte ; un deuxième et un troisième Experts ; un Couvreur ; un Maître des banquets et un Porte étendard.

A ces Officiers s'ajoutaient autrefois : 1º le Député au Grand Orient, et 2º le Maître d'harmonie.

Le Député au Grand Orient est remplacé de nos jours par le délégué au Convent, également nommé à l'élection par la Loge, mais qui n'a pas rang d'Officier.

Les fonctions de Maître d'harmonie, chargé des cérémonies en musique, se cumulent aujourd'hui avec celles de Maître des cérémonies.

Le devoir primordial des *Officiers* est d'être non seulement assidus mais exacts aux séances de l'Atelier. Il est nécessaire pour l'ouverture des travaux que tous les offices soient occupés ; ils doivent le demeurer jusqu'à la fermeture.

Orateur. — Officier dignitaire de Loge, gardien de la Constitution et du Règlement général ; avant tout vote. sauf pour les élections, il donne ses conclusions.

L'*Orateur* est aussi chargé d'expliquer aux jeunes initiés les symboles des grades et de présenter, à chaque fête d'ordre, **un** compte rendu analytique des travaux de l'Atelier.

L'*Orateur* siège à l'Orient, à la gauche du Vénérable.

Ordre. — La Franc-Maçonnerie. On dit absolument dans ce sens : l'*Ordre*, pour l'Ordre maçonnique ; et le Conseil de l'Ordre pour le Conseil de 33 membres élus qui administre l'*Ordre* au nom de la Fédération du Grand Orient de France.

Ordre. — Posture rituélique de respect qui varie avec chaque grade. L'*ordre* d'Apprenti consiste, étant debout, à prendre la position de départ du signe de son grade.

Au commandement du Vénérable : « Debout et à l'*ordre*, mes Frères, » suivi de son coup de maillet, tous les Maçons présents à une tenue doivent adopter la posture sus-indiquée.

Pour l'*ordre* de table qui se prend, dans les banquets, lorsque le Vénérable propose une santé, la posture consiste à placer la main gauche sur le bord de la table, les doigts dans la position du signe du grade, tandis que la main droite se prépare à saisir le canon.

Ordre du jour. — Programme des travaux dont la Loge aura à s'occuper dans sa séance ; le mot a passé de la Maçonnerie dans la langue parlementaire.

Orient. — Partie du Temple maçonnique formant hémicycle, face à la porte d'entrée et dont le plancher est élevé de trois marches ; à droite et à gauche de ces marches, l'*Orient* est fermé par une balustrade.

C'est là, derrière une table, autrefois nommée : *autel,* que siège le Vénérable de la Loge, dans un fauteuil disposé sur une portion de plancher elle-même surélevée d'une marche et placé sous un dais.

A l'extrémité gauche de *l'Orient,* par rapport au Vénérable, siège l'Orateur ; à l'extrémité droite, le Secrétaire.

Pourquoi cette dénomination d'*Orient* ? C'est que le Temple est censé être « orienté », c'est-à-dire avoir son autel à l'est, comme l'avaient, au Moyen Age, les cathédrales bâties par les corporations de francs-maçons manuels auxquelles une filiation probable rattache la Maçonnerie moderne.

L'orientation des lieux destinés au culte catholique avait pour fondement la tradition d'après laquelle la partie du temple de Salomon contenant le Saint des Saints était à l'Orient. Quant à ce choix fait par Salomon, il s'expliquerait (s'il fallait l'expliquer) par le fait que la plupart des religions anciennes dérivant du culte héliaque, il était naturel que l'Orient, point du ciel où semble se lever l'astre du jour, fût en vénération particulière dans l'antiquité.

Mais, dans les anciennes cathédrales, l'autel était réellement placé à l'Est et l'axe de la nef parallèle à l'équateur. Dans les Temples maçonniques ce n'est qu'une fiction symbolique, et *l'Orient* peut être, en réalité, situé à l'Ouest si la disposition générale du bâtiment le veut ainsi.

A l'Orient naît la lumière ; c'est pourquoi le Vénérable qui éclaire et dirige les travaux de la Loge est assis à l'*Orient*.

Orient de... — De ce qu'un Maçon date ses lettres de *l'orient* de Paris ou de *l'orient* de Lyon, selon qu'il écrit de Paris ou de Lyon, on a abusivement conclu que le mot *orient* devait être assimilé au mot : ville. En réalité, *orient de...* signifie littéralement : « Point de telle ou telle ville où règne la lumière », c'est-à-dire Loge de telle ville ; cette Loge étant considérée comme le rendez-vous naturel des Maçons indigènes ou de passage.

Cependant, l'usage étant plus fort que la logique, on dit souvent *orient* pour ville : A l'*orient de...*, dans la ville de...

Origine de la Maçonnerie. — Date de la fondation de l'Ordre des Francs-Maçons : une des questions qui ont provoqué, depuis deux siècles, les thèses les plus variées et les plus contradictoires.

Dès 1723, le docteur Anderson, chargé par la Grande Loge de Londres de rédiger les *Constitutions de l'Ordre*, insinuait dans la préface de son travail que la Franc-Maçon-

nerie existait depuis les temps les plus re-
culés et il attirait l'attention sur l'Ancien
Testament, en commençant par Adam. Cent
ans après, en 1823, le frère Olivier, dans
les *Antiquités de la Maçonnerie*, alla plus
loin encore. A son avis, la Maçonnerie existait « avant la création du Globe et était
répandue à travers les divers systèmes so-
laires ».

Dans l'intervalle, tous les historiens de
la Maçonnerie ne furent pas aussi ambi-
tieux : certains se contentèrent de la faire
remonter à Noé, d'autres à Salomon, d'autres aux Egyptiens, d'autres aux Druides,
d'autres aux premiers rois de Rome, d'autres à Jules César, d'autres aux Croisades,
d'autres aux Templiers, d'autres à la République de Venise, etc.

Bien que la Franc-Maçonnerie ou *Maçonnerie spéculative*, se rattache très probable-
ment aux corporations des maçons constructeurs du Moyen Age, lesquelles s'appa-
rentent elles-mêmes par certains points aux
sociétés secrètes initiatiques de l'antiquité,
aucune filiation directe de la Franc-Maçonnerie avec ces dernières ne saurait être
documentairement démontrée. Il faut donc
reléguer dans le domaine de la fable les
prétendues *Histoires de la Franc-Maçonnerie* qui feraient remonter celle-ci au delà

de l'an 1717 en Angleterre et avant 1735 en France. La généalogie égyptienne de la Maçonnerie, légende séduisante si longtemps admise, doit être particulièrement combattue par les Maçons sérieux. Tous les manuels maçonniques écrits sur ce sujet jusqu'en 1860 environ sont le résultat d'une méprise.

Les mystères égyptiens, aujourd'hui bien connus grâce à la science de nos égyptologues, ne ressemblaient nullement à l'idée que s'en faisaient les Maçons de la fin du XVIII⁰ siècle et la reproduction symbolique qu'ils s'efforcèrent d'en donner dans leurs rituels d'initiation ne repose sur aucun fondement sérieux.

En résumé, si la « pensée maçonnique » est presque aussi vieille que le Monde, en ce sens qu'il y a eu, dans tous les temps, des réunions secrètes d'hommes, épris d'idéal, qui se sont assemblés à l'abri des profanes pour rechercher la vérité et étudier les problèmes philosophiques qui échappaient au vulgaire, la Franc-Maçonnerie proprement dite est d'institution moderne et relativement récente.

Ornements. — Cordon, tablier, bijoux, dont s'orne, selon son grade ou son office, le Maçon en tenue solennelle pour travailler rituéliquement. On dit dans le même sens : *Décor* ou *insignes*.

Ornements de la Loge. — On nommait ainsi autrefois le *pavé mosaïque*, la *houppe dentelée* et *l'étoile flamboyante*. (Voyez ces mots.)

Ouverture. — Commencement des travaux maçonniques, qui a lieu, en Loge, à l'heure symbolique de midi.

Ouvrier. — Nom parfois donné au Franc-Maçon dans les vieux manuels.

P

Paie. — Voyez : *Augmentation.*

Parole. — Droit de parler accordé par le président. Lorsqu'un Maçon désire prendre la *parole*, il doit la demander au Surveillant de sa colonne et attendre que le Vénérable, sollicité par le Surveillant, la lui accorde.

L'ayant obtenue, il doit se lever, se mettre à l'ordre et, tourné vers l'Orient, débuter par la formule : « Vénérable Maître, mes Frères... ».

Il ne peut être interrompu que par les Officiers ayant qualité pour ce faire.

Parrain. — Membre d'une Loge qui présente un profane à l'initiation ; synonyme de *présentateur.*

Il y a aussi le *parrain* dans la cérémonie du baptême maçonnique. (Voyez ce mot.)

Parvis. — L'antichambre du Temple. On disait également jadis : *Salle des pas-perdus.* Mais ce dernier terme s'applique, plus spécialement, à la première des antichambres d'un Temple, lorsqu'il y en a deux ou plusieurs. En ce cas, le nom de *parvis* est réservé à la pièce qui précède immédiatement le Temple.

Pas. — Façon de marcher vers l'Orient que doit employer le Maçon qui pénètre dans le Temple quand les travaux de la Loge sont ouverts. Chaque grade symbolique a son pas spécial. Synonyme de *marche*. (Voyez ce mot.)

Pas-Perdus. — Lorsqu'un Temple a plusieurs antichambres, on nomme salle des *pas-perdus* celle qui précède le parvis ; en fait, on se sert indistinctement de l'une ou de l'autre expression.

Au XVIII⁰ siècle, les deux derniers initiés parmi les Apprentis étaient postés en sentinelle dans la salle des *pas-perdus*, un glaive à la main, pour écarter les profanes. Ils ne prenaient part aux travaux que lorsque deux autres Apprentis, nouveau-nés à la lumière, les relevaient de cette faction.

Passer le scrutin. — Faire circuler les urnes pour un vote à boules ou à bulletins fermés.

Patente. — Titre constatant la qualité maçonnique d'un Chevalier Kadosch (30ᵉ degré) et correspondant au diplôme du Maître et au bref du Chevalier Rose-Croix.

Pavé mosaïque. — Un des ornements de la Loge. Sol d'un Temple maçonnique au seuil du grand portique ; carrelage alternativement formé de carreaux blancs et de carreaux noirs. Leur ensemble symbolise la réunion dans la Maçonnerie de tous les rangs, opinions, systèmes philosophques, qui se juxtaposent sans se confondre pour former néanmoins un tout harmonieux.

On disait autrefois que le carreau blanc du *pavé mosaïque* était l'emblème de l'âme pure du Maçon ; le carreau noir, celui des vices du profane.

Pelle. — Terme de table : cuiller ; autrefois synonyme de truelle.

Pentalpha.— Figure composée de cinq triangles et qui se place au fond du porche du Temple : elle est emblématique de la paix, du bon accueil, de la fraternité.

Perfection (Chambre de). — Nom donné parfois à certains ateliers des grades supérieurs.

Perpendiculaire. —Un des bijoux mobiles ou bijoux d'ordre, ornement du second Surveillant.

La *perpendiculaire* est l'emblème de la rectitude et de la droiture.

Philosophiques (Grades). — Grades du rite écossais ancien et accepté, allant du 19e au 30e degré inclusivement.

Pièce d'architecture. — Discours prononcé ou lu ; travail écrit sur un sujet maçonnique pour être lu en Loge.

Procès-verbal des travaux d'une tenue.

Pierre brute. — Un des bijoux immobiles de la Loge. La *pierre brute* symbolise le travail de l'Apprenti, consistant à dégrossir cette pierre, c'est-à-dire à se perfectionner moralement et intellectuellement.

Pierre brute, terme de table, signifie : pain.

Pierre cubique. — Un des bijoux immobiles de la Loge. C'est un cube coiffé d'une pyramide, emblème du travail des Compagnons, auxquels il sert pour aiguiser leurs outils.

Pierre façonnée. — Procès-verbal des travaux d'une Loge. (Voyez : *Morceau, pièce, plan, tracé.*

Pierre plate. — Somme totale recueillie par l'Hospitalier dans chaque tenue. Après le dépouillement du tronc de bienfaisance, le Vénérable annoncera, par exemple : « Le tronc de la veuve nous est revenu avec une *pierre plate* de tant... »

Par extension : pièce de monnaie en or, argent ou cuivre.

On dit aussi : *Pierre métallique.*

Piler. — Terme de table au XVIIIe siècle: manger. On dit aujourd'hui *mastiquer*.

Pinceau. — Plume à écrire. (Voyez *Crayon*.)

Pinces. — Mouchettes ; instrument indispensable au temps où, la bougie stéarique n'existant pas encore, les étoiles du Temple étaient des chandelles ; le mot a disparu avec l'objet quand celui-ci est devenu inutile.

Pioche. — Terme de table : fourchette.

Plan parfait. — Procès-verbal authentique d'une tenue, après qu'il a été approuvé par un vote de l'Atelier et paraphé au livre d'architecture par les Officiers chargés de ce soin. Seul, ce résumé fait foi quand il y a lieu d'en adresser copie à l'autorité fédérale.

Planche. — Lettre, missive, écrit maçonnique quelconque.

Planche à tracer. — Un des bijoux immobiles de la Loge. La planche à tracer est emblématique du travail des Maîtres auxquels elle sert à dessiner leurs plans.

On donne aussi ce nom au papier blanc.

En terme de table, on nommait jadis ainsi la table même du banquet.

Planche de convocation. — Circulaire adressée individuellement à tous les membres d'une Loge pour les appeler à une tenue, à une fête, à un banquet, à une pompe funèbre, etc.

Planche tracée. — Tout écrit maçonnique. Plus spécialement circulaire que le Grand Orient adresse aux Loges ou une Loge à ses membres. On disait jadis *encyclique* dans le même sens.

Plateau. — Table, bureau. Le *plateau* du Vénérable, à l'Orient, est de forme rectangulaire et supporté par trois panneaux de boiserie pleine. Sur ce plateau se trouvent : un candélabres à trois branches, un maillet, un glaive flamboyant, une équerre et le livre de la loi maçonnique.

Les *plateaux* des Surveillants, à l'Occident, sont triangulaires et supportés par deux panneaux de boiserie. Ils sont surélevés d'une marche. Sur chaque plateau se trouvent : un flambeau et un maillet.

Les *plateaux* de l'Orateur et du Secrétaire, à l'Orient, du Trésorier et de l'Hospitalier, au pied de l'Orient, sont des tables ordinaires.

Plateau. — Terme de table : plat. On **dit** encore *grand plateau* pour désigner la table même du banquet.

Platine. — Terme de table : assiette; autrefois synonyme de *tuile*.

Plâtre. — Terme de table : sucre.

Pleuvoir. — Ne s'emploie que dans la formule : « Il pleut! », usitée entre Maçons pour indiquer que, parmi les personnes présentes, est un profane et qu'il faut parler d'autre chose que de Maçonnerie. C'est l'abréviation de : « Il pleut sur le Temple »; autrement dit : « Le Temple est mal couvert. »

Points cardinaux. — Les quatre faces intérieures parallèles du Temple, calculées par rapport à l'Orient, où siège le Vénérable. A noter que l'on dit dans la Maçonnerie bleue : l'*Orient*, l'*Occident*, le *Nord* et le *Midi;* et non pas l'Est, l'Ouest, le Septentrion et le Sud.

Allégoriquement, les *points cardinaux* marquent qu'un Temple maçonnique est l'emblème de l'Univers, que la Franc-Maçonnerie est universelle et s'étendra un jour à toute l'humanité.

On dit aussi *points géométriques.*

Politesse (Termes de). — Voyez : *Armes, décorer, faveur, illustre.*

Pommes de grenades. — Ornement placé sur le chapiteau des colonnes J et B.

Par le nombre et la symétrie de leurs pépins laissés à découvert, elles symbolisent la famille maçonnique dont les membres sont harmonieusement reliés par l'esprit d'ordre et de fraternité.

Pompe funèbre. — Cérémonie dans un Atelier en l'honneur d'un frère défunt ; les profanes, membres de la famille du mort et ses amis peuvent y être admis.

Ponctualité. — Un des devoirs du Maçon. Les jours de tenue, il est bienséant, surtout de la part des jeunes Maçons, de se rendre dans les locaux maçonniques un quart d'heure environ avant l'heure fixée pour l'ouverture des travaux. C'est d'abord pour l'Apprenti une occasion de faire plus intime connaissance avec ses frères ; c'est également un acte de courtoisie envers les Officiers de la Loge.

Porche. — Vestibule extérieur d'un local maçonnique précédant les pas-perdus et le parvis. On nomme également ainsi le portique du Temple.

Porte-étendard. — Officier de Loge chargé de porter, dans les marches maçonniques, la bannière de l'Atelier. Généralement cet office se cumule avec celui de Couvreur.

Postulant. — Candidat à l'initiation après que la Loge a voté son admission aux épreuves.

D'après les rituels anciens, pendant les épreuves, le *postulant* devait n'être « ni nu ni vêtu » ; il devait avoir le bras et le sein gauches découverts, le genou droit nu, le soulier gauche en pantoufle. Ces usages sont tombés en désuétude. On les observe pourtant encore dans certaines Loges. Ils étaient un vestige traditionnel des initiations de l'antiquité, où — dit-on — le candidat était dépouillé de tous ses vêtements et recevait une robe nouvelle au cours des épreuves.

Poudre. — Terme de table : boisson. Le vin s'appelle *poudre forte* ; l'eau, *poudre faible* ; le cidre ou la bière, *poudre jaune* ; la liqueur, *poudre fulminante*. On disait autrefois : *Poudre rouge* pour le vin, *poudre blanche* pour l'eau, *poudre noire* pour le café ; la liqueur était la *poudre forte* et l'eau-de-vie, la *poudre fulminante*.

Poudre du Liban. — Autrefois, tabac à priser ; le terme est désuet.

Pouvoir. — Acte officiel délivré par une Loge à un de ses membres ou à tout autre frère pour la représenter au Convent ou pour remplir quelque autre mission.

Préparateur (Frère). — Nom que l'on donnait jusqu'en 1885, à celui des Experts chargé de conduire le profane au cabinet de réflexions, de le dépouiller entièrement de ses métaux et partiellement de ses vêtements.

Aujourd'hui. on nomme *préparateurs* les appariteurs des Temples, employés du Grand Orient.

Préparation. — Ensemble des obligations préliminaires auxquelles doit satisfaire le candidat à l'initiation au premier grade avant de recevoir l'entrée du Temple. savoir : Méditation dans le cabinet de réflexions, réponses aux questions de la feuille de l'épreuve, testament, dépouillement des métaux, bandeau. etc.

Profane. — Tout individu qui n'a pas été initié à la Maçonnerie.

Puissance maçonnique. — Pouvoir maçonnique régulièrement constitué et dont l'autorité est reconnue par l'ensemble des Maçons d'un pays, d'une région ou d'un rite. (Voyez : *Grand Orient, Grande Loge, et Suprême Conseil.*) Se dit par analogie avec les États souverains.

Purification. — Signification emblématique du passage par l'eau et par les flammes dans les initiations anciennes.

Q

Questions d'ordre. — Questions consacrées par le rituel et que l'on pose au tuilage, afin de constater la qualité d'un visiteur qui se présente comme Maçon.

Quotité. -- Cotisation : ce synonyme ne s'emploie plus.

℞

Radiation. — Suppression d'un Maçon du tableau de sa Loge, soit pour défaut persistant de paiement des cotisations, soit comme démissionnaire. La *radiation* n'implique pas exclusion définitive de la Maçonnerie. (Voyez : *Exclusion.*)

Rang en loge. — Place respectivement occupée dans les tenues solennelles par chacun des Officiers de la Loge :

Le Vénérable, à l'Orient, à son plateau ;

Le Vénérable d'honneur, s'il y en a un, à sa droite ;

Les Membres du Conseil de l'Ordre ou du Grand Collège des Rites, les garants d'amitié et les Vénérables d'autres Ateliers, venus en visiteurs, à l'Orient, à la droite et à la gauche du Vénérable ;

Le premier Surveillant, devant la colonne du Midi ;

Le second Surveillant, devant la colonne du Nord ;

L'Orateur, à l'extrémité gauche de l'Orient par rapport au Vénérable ; son adjoint à côté de lui ou derrière ;

Le Secrétaire, à l'extrémité droite de l'Orient ; son adjoint à côté de lui ou derrière ;

Le Trésorier, à son plateau, en tête de la colonne du Midi ; son adjoint à côté de lui ou derrière ;

L'Hospitalier, à son plateau, en tête de la colonne du Nord ; son adjoint à côté de lui ou derrière ;

Le Grand Expert, sur un siège séparé, en tête de la colonne du Midi et en avant du plateau du Trésorier ;

Les autres Experts, à l'Occident, sur des sièges séparés, à gauche du premier et à droite du deuxième Surveillant ;

Le Maître des cérémonies, sur un siège séparé, en tête de la colonne du Nord et en avant du plateau de l'Hospitalier ;

Le frère Couvreur, immédiatement à la porte du Temple, à l'intérieur ;

Les autres Officiers sur les colonnes, où il leur plaît.

Réception. — Cérémonie d'introduction en Loge du récipiendaire que l'on va initier ou d'un Maçon auquel on vient d'accorder une augmentation de salaire.

Récipiendaire. — Le postulant, après les épreuves, pendant les cérémonies d'initiation, quand la Loge a décidé son admission définitive.

Reconstitution. — Autorisation accordée par le Grand Orient à une Loge en sommeil de reprendre ses travaux. On dit aussi *réveil*.

Récréation. — Suspension momentanée des travaux d'une Loge pendant une tenue ; c'est le Président qui, seul, peut en donner le signal.

En janvier, avril, juillet et octobre, à l'ordre du jour de la tenue solennelle figure la mention : « *Récréation* pour visite au plateau du Trésorier ». On rappelle ainsi aux membres de l'Atelier qu'un nouveau trimestre commence et qu'ils doivent songer à retirer des mains du Trésorier quittance de leur cotisation.

Registre de présence. — Voyez : *Livre*.

Registre matricule. — Voyez : *Livre*.

Règle. — Un des outils symboliques du Maçon. La *règle* est l'emblème du jugement droit.

Règlement général. — Ensemble des statuts votés par l'assemblée générale, en exécution de la Constitution, promulgués comme loi organique de la Fédération, en novembre 1885, et très peu modifiés depuis lors.

Ce code du Grand Orient comporte deux livres, respectivement divisés en XII et XII chapitres, formant au total 367 articles.

Un exemplaire du *Règlement général* doit être remis à tout Apprenti le jour de son initiation.

Règlement intérieur. — Statuts particuliers que peut se donner un Atelier.

Ces statuts qui doivent être approuvés par le Conseil de l'Ordre, n'admettent aucune disposition contraire au Règlement général.

Régularisation. Réception par un Atelier comme Maçon régulier d'un Maçon irrégulier (profane irrégulièrement initié, Maçon irrégulièrement promu, membre d'une Loge originellement irrégulière ou devenue telle) après accomplissement de certaines conditions prévues par le Règlement général de la Fédération. La régularisation et l'admission, après production des pièces de l'enquête réglementaire, discussion et conclusions de l'Orateur, est prononcée par l'Atelier à la majorité des suffrages des Maîtres et des Compagnons.

De même qu'un Atelier peut régulariser un Maçon irrégulier, de même le Grand Orient peut régulariser une Loge irrégulière qui demande à être admise à la correspondance.

Régulateurs. — Nom que l'on donnait autrefois aux cahiers de grade.

Régulier. — Qui est selon les lois maçonniques. Une Loge n'est régulière que lorsqu'elle tient ses constitutions du Conseil de l'Ordre du Grand Orient ou du Conseil fédéral de la Grande Loge.

Un Maçon est dit *régulier* qui est inscrit sur les matricules d'un Atelier régulier et qui paye ponctuellement ses cotisations. Nul ne peut prendre part aux travaux maçonniques s'il n'est Maçon *régulier*.

Réquisitoire. — Discours par lequel l'Orateur d'une Loge rappelle l'Atelier ou certains de ses membres à l'observation du Règlement général.

Respectable Président. — Titre que l'on donnait autrefois au président du Grand Orient en lui parlant ou en lui écrivant.

Réveil. — Reprise de l'activité par une Loge ou par un Maçon après une période de sommeil.

Rite. — Système maçonnique ; ensemble de cérémonies adoptées et pratiquées par une Fédération d'Ateliers.

En France, trois *rites* sont pratiqués par les Maçons : le rite français, le rite écossais et le rite de Misraïm. Mais les deux premiers seuls comptent de nombreux adhérents.

Le rite français se compose théoriquement de sept degrés ou grades dont le plus élevé est celui de Rose-Croix ; dans la pratique, les Maçons qui le suivent ou bien ne dépassent par le grade de Maître ou bien suivent, à partir du 3e degré, le rite écossais ancien et accepté.

On nomme rite écossais la Maçonnerie telle qu'elle se pratique en Ecosse, en Angleterre, en Amérique et dans une assez grande partie de l'Allemagne.

Le rite écossais ancien et accepté fut importé d'Amérique en 1804, par le frère de Grasse-Tilly qui augmenta de 8 degrés le rite écossais ancien. C'est le rite écossais ancien et accepté que l'on suit en France et dans les établissements français d'Amérique. Il comporte 33 grades ou degrés.

Le rite de Misraïm en compte 90.

Rituel. — Ensemble du cérémonial maçonnique.

Livre imprimé contenant les instructions utiles pour l'exécution régulière des cérémonies traditionnelles en Loge. On dit dans le même sens : *Cahier de grades.*

Rose-Croix (Chevalier). — Titre du Maçon parvenu au plus haut degré (18e) des grades capitulaires du rite écossais ancien et accepté. On dit aussi : *Dix-huitième,*

S

Sable. — Terme de table : *Sable blanc*, sel ; *sable jaune*, poivre.

Sac aux propositions. — Petit sac de soie ou de velours, en forme d'aumônière, que le Maître des cérémonies fait circuler en Loge avant la fermeture des travaux et où chaque frère peut déposer les accusations, demandes, propositions, questions, etc., qu'il désire voir soumettre à l'Atelier.

Saignée. — Une des épreuves de l'initiation d'après les anciens rituels. Le postulant devait consentir à se laisser saigner au bras, pour signer de son sang son obligation. Le plus souvent, on se contentait de ce consentement et on ne poussait pas plus loin l'exigence.

Le symbole de cette épreuve était que le Maçon doit donner jusqu'à son sang pour ses frères.

Saint-Jean. — Patron et parrain de toutes les Loges du Grand Orient de France il y a un siècle. On disait : « Loge de Saint-Jean, sous le titre distinctif de... (ici le nom particulier de la Loge), à l'orient de... (ici le nom de la ville) ».

Les Maçons fêtaient par un banquet la Saint-Jean d'été, le 27 juin, et la Saint-Jean d'hiver, le 27 décembre. Ces deux fêtes n'étaient autre chose que la célébration des solstices.

Salaire. — Voyez : *Augmentation.*

Salut maçonnique. — Cérémonial d'entrée d'un Maçon lorsqu'il pénètre dans le Temple, les travaux ouverts, après en avoir obtenu l'autorisation du Couvreur. Il doit se mettre à l'ordre et exécuter les pas de la marche maçonnique du grade, puis il fait le signe en guise de *salut*. Celui-ci doit être adressé d'abord au Vénérable ; ensuite, au premier et au second Surveillants. Le Maçon se remet alors à l'ordre, pour gagner sa place sur les colonnes.

Geste auquel se reconnaissent deux Maçons qui se rencontrent tant dans le privé qu'en public. Il consiste à esquisser le signe du premier grade de la main droite, soit en saluant avec le chapeau, soit à vide, par un simple mouvement de l'avant-bras et du poignet.

Santé d'obligation. — Terme de table : toast porté dans un banquet d'ordre. Le nombre et l'ordre des feux sont fixés par le Règlement général : 1° à la République ; 2° au Grand Orient de France ; 3° au Vénérable ; 4° aux Officiers, aux membres de la Loge et aux visiteurs ; 5° à tous les Maçons heureux ou malheureux existant sur le Globe.

Sceau. — Cachet dont les Loges apostillent leurs actes pour les authentiquer.

Au nombre des épreuves de l'initiation, selon les anciens rituels, était l'apposition du *sceau* sur l'épaule du postulant, ce qui signifiait que la qualité de Maçon est ineffaçable.

Scrutin — Boîte que fait circuler le Maître des cérémonies pour le vote des Maçons après les délibérations de l'Atelier.

Par extension : le vote lui-même quand il se fait par boules ou par bulletins fermés (*scrutin secret*).

Le *scrutin* public est obligatoire quand il est réclamé par 10 membres ayant droit de voter. Le scrutin secret doit être réclamé par 5 membres au moins.

Pour l'admission d'un profane aux épreuves, le *scrutin* par boules est obligatoire et il faut qu'il donne un nombre de boules noires inférieur au cinquième de leur nombre total.

Pour l'admission définitive d'un postulant, après les épreuves, la majorité simple des suffrages suffit et le vote a lieu par assis et levé (*scrutin public*).

Secrétaire. — Officier dignitaire de Loge. C'est lui qui tient le pinceau et qui esquisse la planche des travaux, c'est-à-dire qui prend des notes et qui écrit le brouillon du procès-verbal de la tenue.

Servant. — Maçon salarié par un Atelier et attaché à son service. Il décore le Temple les jours de tenue et prépare les accessoires nécessaires les jours d'initiation ; pour les banquets ou agapes qui ont lieu dans les locaux maçonniques, il s'occupe du service de la table, etc.

Signature. — Les Maçons, quand ils s'écrivent entre eux, accompagnent leur *signature* de trois points disposés en triangle dans le paraphe.

Signe. — Moyen de reconnaissance par geste qui varie avec chaque grade.

On distinguait autrefois cinq *signes* principaux qui servaient : 1° le *vocal* à demander la parole ; 2° le *guttural*, à dessiner le signe d'Apprenti ; 3° le *pectoral*, celui de Compagnon ; 4° le *manuel*, à donner l'attouchement ; 5° le *pédestre*, à exécuter la marche.

Signe de détresse. — Geste qui permet

aux Maçons en péril d'appeler leurs frères à l'aide. Le *signe de détresse* n'est enseigné qu'à ceux qui possèdent la plénitude des droits maçonniques.

Silex. — Pierre dont on tirait autrefois le feu nécessaire à l'allumage des étoiles lors de l'inauguration d'un Temple maçonnique. Le *silex* était emblématique du feu naturel qui vivifie toutes choses.

Sommeil. — Etat d'un Maçon qui a cessé d'être actif ou d'un Atelier qui a suspendu ses tenues et discontinué ses travaux. Il ne faut pas confondre le Maçon en *sommeil* avec le Maçon irrégulier.

Souverain Grand Inspecteur. — Maçon possédant le 33e degré, le plus haut des grades administratifs. On dit aussi : *Trente-troisième.* C'est parmi les *Souverains Grands Inspecteurs* que se recrute le Grand Collège des Rites.

Solides. — Terme de table : aliments, en général ; ce mot est désuet.

Sphère. — Un des objets peints sur les anciens tableaux de Loge : emblème de la régularité.

Stalle. — Chaise ou banquette, soit dans le Temple, soit dans la salle des banquets.

Suprême Conseil du Rite écos-sais. — Puissance maçonnique reconnue en France par le Grand Orient. Son siège est à Paris, 8, rue Puteaux. Le *Suprême Conseil* ne comporte que des Ateliers de hauts-grades, savoir (en 1921) 32 chapitres, 12 aréopages et 2 ateliers de perfection.

Surveillants. — Officiers dignitaires de Loge ; les premiers après le Vénérable. Le premier *Surveillant* siège près de la colonne B et le second près de la colonne J. Le premier commande à la colonne du Midi, le second à la colonne du Nord. L'arme du Surveillant est le maillet.

Suspension. — Exclusion temporaire prononcée contre un frère par un tribunal maçonnique. La suspension ne peut être supérieure à cinq ans ni inférieure à un mois. Elle peut être prononcée avec sursis.

Symboliques (Grades). — Les trois premiers grades de la Maçonnerie dans tous les rites ; à savoir : Apprenti, Compagnon, Maître.

T

Tableau de la Loge. — Grande toile peinte, de forme rectangulaire, que l'on posait autrefois sur le sol, au milieu du Temple, pendant les tenues solennelles. Sur cette toile destinée à appeler l'attention sur les emblèmes proposés à la méditation des Maçons, étaient représentés divers symboles du grade auquel travaillait l'Atelier : les bijoux mobiles et immobiles, les outils et objets symboliques : équerre, niveau, pierre brute, maillet, compas, colonnes, pavé mosaïque, etc. (Voir la figure ci-contre.)

Au XVIIIe siècle, lorsque la Maçonnerie était dans ses débuts en France, le *tableau* ou *tracé de la Loge* était, à chaque tenue, dessiné à la craie sur le plancher du Temple par le frère tuileur et effacé après la fermeture des travaux.

L'expression : *Tableau de la Loge* désigne de nos jours, la liste des membres d'un Atelier symbolique.

Tablier. — Insigne du Maçon à tous les grades.

Dans la Maçonnerie symbolique, le *tablier* de l'Apprenti est en peau d'agneau blanche. Il se porte la bavette relevée. Celui

Tracé
de la Loge d'Apprenti

du
pr
lui
bl
et
le
cel
tu
(
gn
un
jou
gr
'
de
cie
ris
le
Ce
me
an
,
po
la
la
vr

du Compagnon, semblable à celui de l'Apprenti, se porte la bavette rabattue. Celui du Maître est en satin blanc à doublure noire bordé de bleu, brodé d'attributs et de lettres symboliques. Originairement, le tablier du Maître était de peau, comme celui du Compagnon, mais avec des peintures symboliques.

C'est le *tablier* qui est le véritable insigne du Maçon. Le cordon n'est qu'un décor, un ornement ; et les Maîtres devraient toujours, en tenue, porter le tablier de leur grade.

Tempête simulée. — Une des épreuves de l'initiation maçonnique d'après les anciens rituels. Pendant le premier voyage, hérissé de difficultés, du postulant, on imitait le bruit du vent, de la grêle, du tonnerre. Cette épreuve reproduisait emblématiquement la purification par l'air des initiations antiques. (Voyez : *Cabinet, eau, flammes.*)

Temple. — La salle où se tient la Loge, pour travailler rituéliquement.

Symboliquement, le *Temple* est l'image de la personne du Maçon, qui en est à la fois la pierre et l'ouvrier.

Temple (*Couvrir le*). — Voyez : *Couvrir.*

Ténèbres. — Etat des profanes, c'est-à-dire de ceux auxquels n'a point été donnée la lumière maçonnique.

Tenue. — Séance à laquelle prennent part des Maçons.

La *tenue solennelle* est celle où l'on travaille, dans le Temple, à couvert, avec l'appareil maçonnique ; on y admet des frères visiteurs.

La *tenue de famille* était jadis celle où, entre seuls membres de la Loge, sans visiteurs, on traitait des objets intéressant particulièrement l'Atelier et notamment des questions d'administration. On dit aujourd'hui : *Tenue de comité*.

Les Loges doivent avoir, au moins une fois par mois, une *tenue* solennelle et une *tenue* de comité.

Les *tenues* dites d'obligation sont celles qui ont lieu au jour fixé pour les assemblées régulières de la Loge. Les *tenues* extraordinaires sont celles occasionnées par diverses circonstances : fêtes, pompes funèbres, réceptions d'urgence, banquets, etc.

Les *tenues blanches* sont des réunions où les femmes et les profanes présentés par un Maçon sont admis. Tout appareil relevant du secret maçonnique y est supprimé. Les Apprentis et les Compagnons qui y assistent doivent être, comme les Maîtres. décorés du cordon bleu.

On nommait autrefois *tenue de table* ce qu'on appelle présentement banquet d'ordre.

Terre forte — Terme de table : moutarde. Synonyme de *ciment fort*. Ces expressions sont tombées en désuétude.

Testament. — Déclaration morale et philosophique que le candidat à l'initiation rédige dans le cabinet de réflexions et où il consigne ses dernières volontés avant de mourir à la vie profane.

Tirer une batterie. — Exécuter une batterie, au commandement du Vénérable, en signe d'allégresse, de deuil, de bienvenue, etc.

Tirer une canonnée. — Terme de table : boire ensemble au signal du président. Expression désuète ; on dit aujourd'hui : *Faire feu* ou *tirer une santé.*

Titres maçonniques. — Pièces authentiques, telles que diplôme (bref ou patente), certificat du président de l'Atelier, reçu de la dernière cotisation, etc., dont un Maçon devait être muni pour se présenter dans un autre Atelier que le sien. La carte d'identité a maintenant remplacé les *titres.*

Tracé ou **Tracé des travaux**. — Procès-verbal d'une tenue de Loge.

Tracer une planche. — Ecrire, d'une façon générale, qu'il s'agisse d'une lettre ou d'un compte rendu, d'une circulaire ou d'un procès-verbal.

Travaux. — Occupation des Maçons en Loge ou en banquet d'ordre. Ouvrir ou fermer les *travaux*, c'est commencer ou clore la séance.

Travaux de table. — Voyez : *Banquet.*

Trentième. — Nom donné par abréviation au Chevalier Kadosch, porteur du 30e degré, le plus élevé des grades philosophiques.

Trente-troisième. — Nom donné par abréviation au Souverain Grand Inspecteur général, investi du 33e grade, le plus élevé de la hiérarchie, au rite écossais.

Trésorier. — Officier de Loge, chargé de la comptabilité ; il recouvre les cotisations et règle les dépenses ordonnancées par le Vénérable.

Triangle. — Emblème capital de la Franc-Maçonnerie ; parce qu'il réunit trois en un, rappelant ainsi le Ternaire révéré des Anciens ; parce que formé de trois lignes, de trois angles et de trois points, il est, en géométrie, la figure primordiale et que la triangulation servant à mesurer les distances les plus grandes est une des bases de la science positive.

Triangle. — Carte d'invitation, qu'elle soit, ou non, de forme triangulaire.

Dans nombre d'Ateliers, le *triangle* est gratuit pour les banquets et les fêtes de famille ; c'est la caisse trésorière qui paye la quote-part de chacun des Maçons de la Loge. Mais ceux-ci sont tenus de payer pour leurs invités.

Dans les Ateliers où le triangle n'est pas gratuit, tout frère empêché de se rendre au banquet doit néanmoins en verser le prix entre les mains du Trésorier, à moins qu'il ne soit exonéré de cet impôt par une décision de la Loge.

Triangle. — Société composite formée de Maçons et de profanes à tendances maçonniques. Ces réunions destinées surtout à étudier les jeunes gens susceptibles de faire plus tard de bons Maçons, en vue d'un meilleur recrutement, ont à peu près disparu. Elles ont été en partie remplacées par les « Unions fraternelles ».

Triangle. — Autrefois : chapeau ; le tricorne en usage au XVIIIe siècle ayant, en effet, la forme d'un triangle.

Trident. — Terme de table : fourchette. Synonyme vieilli de *pioche*.

Trois-Points (Frères). — Sobriquet sous lequel les adversaires de la Maçonnerie désignent les Francs-Maçons, à cause des trois points disposés en triangle dont ceux-ci se servent dans les abréviations et dont ils font suivre leur signature. Dans la bouche des profanes, l'expression *Frères Trois-Points* est péjorative ; un vrai Maçon se fait au contraire honneur d'être *Trois-points*.

Tronc de la Veuve. — Tirelire de métal que le frère Hospitalier fait circuler à la fin des travaux pour recueillir les offrandes destinées à la bienfaisance. On dit aussi : *Tronc de bienfaisance.*

Le contenu du *tronc de la veuve*, vérifié séance tenante par le Vénérable, assisté du Secrétaire et de l'Orateur, est pris en charge par l'Hospitalier qui en demeure comptable.

Trône. — Autrefois, siège du Vénérable, à l'Orient. On dit maintenant plus simplement : fauteuil.

Truelle. — Un des outils symboliques du Maçon.

La *truelle* est l'emblème du labeur achevé ;

c'est quand le mur est fini qu'elle sert à jointoyer les pierres, à égaliser les aspé- rités. Aussi *passer la truelle* c'est, entre Maçons, se réconcilier quand on fut brouillé, oublier une offense.

Truelle. — Terme de table : cuiller.

Tuilage. — Action de tuiler. (Voyez ce mot.)

Tuile. — Terme de table : assiette.

Tuiler. — Examiner quelqu'un en exi- geant de lui les signes et mots de recon- naissance, afin de s'assurer s'il fait réelle- ment partie de la Maçonnerie.

Tuileur. — Maçon chargé de *tuiler* les visiteurs, dans le parvis du Temple avant de les repasser au Couvreur qui se tient à l'intérieur.

Dans les tenues dont l'ordre du jour pa- raît devoir attirer des visiteurs nombreux, soit par l'intérêt du sujet traité, soit par la notoriété du conférencier, le rôle du *tuileur* est généralement rempli par un des Experts.

Les termes de *tuileur* et de *couvreur* ont même origine : tous deux ont charge de mettre le Temple à couvert (et les toitures se font de tuiles).

Tuileur. — On donne encore ce nom à certains ouvrages de la littérature maçonnique dans lesquels sont décrits les titres, décors, signes, batteries et mots de chaque grade. Un des plus célèbres et des plus complets est le « Manuel maçonnique ou *Tuileur* de tous les rites de Maçonnerie pratiqués en France, par un Vétéran de la Maçonnerie » — le frère Vuillaume — imprimé à Paris en 1820, in-octavo. Ce volume est devenu fort rare.

U - V

Union. — Voyez : *Chaîne d'Union.*

Union fraternelle. — Société mi-partie profane et maçonnique. (Voyez : *Triangle.*)

Vénérable. — Le premier des Officiers dignitaires de Loge, une des cinq Lumières. Président de l'Atelier, il le convoque, en dirige les travaux et le représente dans les cérémonies, étant de droit chef de toutes les délégations. Il en surveille également l'administration et contrôle le travail du Secrétaire et celui du Trésorier. Il ne peut être repris au cours d'une séance par aucun assistant ; la voie de simple observation est permise à son égard. Quand il a suspendu ou clos la séance par mesure d'ordre, nul ne peut la reprendre à sa place.

Le Vénérable, en cas d'empêchement, est remplacé dans ses fonctions par le premier Surveillant, le second Surveillant ou le Grand Expert.

Visiteur. — Maçon régulier qui, muni de titres authentiques, prend part, selon son grade, aux travaux d'un Atelier autre que le sien.

Le *visiteur* n'a que voix consultative, sauf quand il s'agit d'initiation.

Un Maçon *visiteur* dans une Loge, doit spontanément couvrir le Temple si l'Atelier se met en réunion de comité ou si les travaux sont ouverts à un grade supérieur au sien. Le Maçon qui, en voyage, s'est présenté avec une lettre d'introduction au Vénérable d'une Loge de l'orient où il séjourne et a reçu de lui bon accueil, doit, comme remerciement, assister en *visiteur* à la tenue de la Loge, s'il s'en fait une avant son départ.

Vivat. — Cri de joie, qui, trois fois répété, constituait l'acclamation des Francs-Maçons du Grand Orient de France, avant l'adoption de la formule actuelle.

Vote (Droit de). — Droit de se prononcer sur les questions à l'ordre du jour : ce droit est égal pour tous les Maçons, sauf pour les Apprentis, lesquels ne sont pas admis à voter : 1º sur l'admission d'un profane ; 2º sur l'affiliation d'un frère étranger à l'Atelier ; 3º sur la régularisation d'un Maçon irrégulier.

Voûte d'acier. — Honneur spécial

qu'on rend aux délégués du Grand Orient, aux visiteurs de marque, aux délégations d'autres Ateliers ou au Vénérable de la Loge, s'il arrive les travaux étant commencés.

Le bras droit armé du glaive, les Maçons placés au premier rang de l'une et l'autre colonnes croisent en l'air la pointe de leur fer de manière à former comme un toit sous lequel passe le Maçon à qui l'on rend les honneurs.

Pendant ce temps, tous les frères de l'Atelier se tiennent debout et à l'ordre (ceux qui forment la *voûte d'acier* se mettent à l'ordre de la main gauche) et les trois premiers Officiers battent des coups de leur maillet.

Ce cérémonial date du XVIIIe siècle. Lorsque Louis XVI entra à l'Hôtel de Ville de Paris, le 17 juillet 1789, les Maçons présents formèrent la *voûte d'acier* sur l'escalier du monument. Un tableau de **Jean-Paul** Laurens a popularisé cette scène.

Voûte d'adoption. — Cérémonial autrefois en usage dans les baptêmes de lowtons ; le mot ne s'emploie plus.

Voyage. — Nom de certaines des épreuves subies par le postulant à l'initiation symbolique.

Les *voyages* commencent à l'Occident et s'y terminent en passant d'abord par le Nord.

Vraie Lumière. — Lumière maçonnique, esprit de sagesse (Voyez : *Année*).

Au xviiie siècle, *vraie lumière* était synonyme d'*Art Royal* ou de Maçonnerie.

PARIS. — IMPRIMERIE NOUVELLE (ASSOCIATION OUVRIÈRE),
11, RUE CADET. — F. MAMMALE, DIR. — 1342-21.